Ibrahima DIALLO

La réforme de la justice et les droits de l'homme en Guinée (2010-2024)

Entre espoir et réalité

Préface de Mohamed TRAORÉ

L'Harmattan
Guinée

5-7, rue de l’École-Polytechnique, 75005 Paris
http://www.editions-harmattan.fr
ISBN : 978-2-336-48877-6
EAN : 9782336488776

DÉDICACE

À toutes les âmes meurtries par l'injustice, à celles qui souffrent en silence et dans l'impuissance, je dédie ce livre comme un hommage vibrant et un témoignage d'espoir, avec une empathie profonde et une solidarité indéfectible.

REMERCIEMENT

Je souhaite exprimer ma profonde gratitude à :

Mohamed TRAORÉ, avocat et ancien Bâtonnier de l'Ordre des Avocats de Guinée, pour l'honneur qu'il m'a fait en préfaçant cet ouvrage.

Professeur Alia DIABY, Directeur de l'école doctorale de l'Université Général Lansana Conté de Sonfonia (Guinée), pour son encadrement et son regard critique, qui m'ont permis d'enrichir ce travail.

Monsieur Hassane II DIALLO, magistrat à la Cour suprême de Guinée, pour ses conseils avisés et sa contribution à la documentation.

Mon frère Rousseau SOW, magistrat, et mon ami Tidiane DIALLO, juriste, pour leur soutien et leurs relectures attentives, qui ont contribué à la clarté du texte.

Enfin, je ne saurais oublier ma famille, et en particulier mon épouse, dont l'amour, le soutien et les encouragements constants ont été ma source de motivation tout au long de cette aventure.

SIGLES ET ABRÉVIATION

AI : Amnesty International
AMG : Association des Magistrats de Guinée
AN : Assemblée Nationale
BAC : Brigade Anti Criminalité
CEDEAO : Communauté Economique des États de l'Afrique de l'Ouest
CENI : Commission Électorale Nationale Indépendante
CNDD : Conseil National pour la Démocratie et le Développement
CNLTPPA : Comité National de Lutte contre la Traite des Personnes et Pratiques Assimilées
CNRD : Comité National du Rassemblement pour le Développement
CNT : Conseil National de la Transition
CP : Code Pénal
CPP : Code de Procédure Pénale
CRIEF : Cour de Répression des Infractions Economiques et Financières
CSM : Conseil Supérieur de la Magistrature
DSRP : Document de Stratégie de Réduction de la Pauvreté
DUDH : Déclaration Universelle des Droits de l'Homme
EPU : Examen Périodique Universel
FED : Fonds Européen de Développement
FIDH : Fédération Internationale des Droits de l'Homme
FNDC : Front National pour la Défense de la Constitution

HAC : Haute Autorité de la Communication

HCDH : Haut Commissariat aux Droits de l'Homme

HRW : Human Rights Watch

INIDH : Institution Nationale Indépendante des Droits Humains

MASPFE : ministère de l'Action Sociale, de la Promotion Féminine et de l'Enfance

MATD : Administration du Territoire et de la Décentralisation

MC : Maisons Centrales

MDT : Même Droit pour Tous

MJDH : Ministère de la Justice et des Droits de l'Homme

MSHP : Ministères de la Santé et de l'Hygiène Publique

OGDH : Organisation Guinéenne de Défense des Droits de l'Homme et du Citoyen

ONU : Organisation des Nations Unies

OPJ : Officiers de Police Judiciaire

OPROGEM : Office National pour la Protection du Genre, de l'Enfance et des Mœurs

PARJU : Programme d'Appui à la Réforme du Secteur de la Justice

PIDCP : Pacte International Relatif aux Droits Civils et Politiques

PNRJ : Politique Nationale de Réforme de la Justice

PTF : Partenaires Techniques et Financiers

RSF : Reporters Sans Frontières

RSS : Réforme du Secteur de Sécurité

SPPG : Syndicat des Professionnels de la Presse de Guinée

TLP : Tournons La Page

TPI : Tribunal de Première Instance
VBG : Violences Basées sur le Genre
FIM : Fréquence Infos Médias
HADAFO : Un groupe de médias
DJOMA : Un groupe de médias

Sommaire

PRÉFACE

La réforme de la justice et les droits de l'homme en Guinée (2010-2024) : entre espoir et réalité ; tel est le titre du premier ouvrage de Monsieur Ibrahima DIALLO.

Les droits de l'homme constituent à n'en pas douter l'une des questions les plus débattues en Guinée tant elle a été au cœur de l'actualité depuis l'indépendance du pays.

Monsieur Ibrahima DIALLO figure au nombre des personnes les mieux placées pour aborder ce sujet en ce sens que, étant acteur éminent et incontournable de la société civile guinéenne et ouest-africaine, il a été à maintes reprises confronté à cette question, soit en tant que témoin soit en tant que victime de la violation des droits de l'homme. L'on aurait pu s'attendre qu'en cette qualité, il présente un tableau extrêmement sombre de la situation des droits de l'homme, en prenant pour seul repère ou angle d'analyse sa situation personnelle ou celle de ses proches. Mais, il aborde la question avec une certaine distance, un certain recul et un certain détachement caractéristique d'une certaine honnêteté intellectuelle. C'est tout à son honneur.

L'essentiel de sa réflexion tourne autour d'une question fondamentale qui constitue la matrice de son ouvrage : comment apprécier la réforme de la justice guinéenne à l'aune des droits de l'homme ?

En effet, la justice guinéenne a connu ces dernières années de nombreuses réformes hardies dont la finalité *ab initio* devrait être sans conteste la promotion et la protection des droits des citoyens. Mais, quelles que soient les réformes entreprises, elles restent lettres mortes si elles ne

se traduisent pas par un meilleur fonctionnement de la justice sur le plan de la protection des droits de l'homme notamment. D'où la pertinence de l'approche choisie par Monsieur Ibrahima DIALLO.

L'auteur commence par le rappel de certains grands principes et notions sans lesquels la justice est un vain mot. Il s'agit notamment de l'État de droit, de la séparation des pouvoirs.

Il fait état de la garantie des libertés et droits fondamentaux en indiquant les mécanismes juridictionnels et non juridictionnels de protection des droits de l'homme.

Une autre question importante de l'ouvrage concerne l'indépendance du pouvoir judiciaire. S'il est un sujet qui a toujours fait débat en Guinée et sûrement ailleurs, c'est celle de l'indépendance de la justice. Les Guinéens ont toujours réclamé à cor et à cri cette indépendance.

Pour être plus précis, il s'agit en réalité de l'indépendance des juges c'est-à-dire des magistrats dont la mission est de trancher les litiges, même si les magistrats du parquet ont eux aussi besoin d'une certaine indépendance.

L'auteur indique non sans pertinence que sur le plan des textes, l'indépendance du pouvoir judiciaire a toujours été affirmée sans équivoque depuis le changement de régime intervenu en 1984 et même bien avant.

Les réformes législatives entreprises en Guinée depuis 2010 en particulier, convergent vers un objectif, celui de donner plus d'indépendance au pouvoir judiciaire.

Car, comme on l'a toujours soutenu, l'indépendance du juge n'est pas un privilège pour celui-ci ; c'est une garantie de bonne justice. Aucun justiciable ne ferait confiance en une justice qu'il sait à l'avance inféodée à un autre pouvoir, notamment le pouvoir exécutif.

L'auteur se penche également sur la question non moins importante de l'évaluation de l'impact de la réforme de la justice.

En effet, réformer la justice est une chose, mais obtenir les résultats attendus de cette réforme en est une autre. Dans cette optique, l'auteur évoque, encore et toujours, la question de l'indépendance de la justice en mettant en exergue le dispositif législatif et institutionnel mis en place pour atteindre cet objectif. Il en est ainsi de la mise en place d'un Conseil supérieur de la magistrature (CSM).

La réforme de la justice, c'est aussi la question de l'accessibilité au service public de la justice qui est perçue comme un droit fondamental du citoyen.

Sur cette question, l'auteur fait état de l'organisation judiciaire dont l'un des buts est de rapprocher la justice des justiciables.

Enfin, au-delà des déclarations d'intention, des professions de foi et des textes, Monsieur Ibrahima DIALLO s'engage dans un exercice plus difficile en essayant de confronter la réalité aux textes. Il passe en revue l'exercice d'un certain nombre de droits et libertés. Le moins qu'on puisse dire, c'est que, entre les textes, les ambitions affichées et la réalité, l'écart est parfois abyssal.

Cet ouvrage a l'avantage et le mérite d'être une contribution dénuée de toute passion dans le débat sur une question qui préoccupe, celle du rôle fondamental que la justice devrait jouer dans le cadre de la consolidation de l'État de droit ainsi que la protection des libertés et droits fondamentaux.

La consécration de ces libertés et droits serait un vœu pieux si la justice qui en est la gardienne, ne joue pas le rôle éminemment important qui est le sien.

Puisse ce livre amener la justice de notre pays à être consciente de ce rôle. Tel est sans doute le souhait de l'auteur.

Mohamed TRAORÉ
Avocat au Barreau de Guinée
Ancien Bâtonnier de l'Ordre des Avocats de Guinée

INTRODUCTION

Au cœur de toute société évolutive réside le principe de justice, une pierre angulaire qui donne forme et substance à l'État en tant qu'entité sociale et qui assure un équilibre indispensable.

La justice, en tant que gardienne de la paix et de la sécurité sociale[1], sert de catalyseur pour la coexistence pacifique en fournissant un espace où chaque individu peut faire valoir ses droits. Cependant, en Guinée, des doutes sérieux sur l'indépendance[2] du système judiciaire ont incité le Gouvernement à entreprendre une réforme judiciaire ambitieuse, visant à consolider les droits de l'homme et à édifier des institutions conformes aux normes internationales, car « *Il ne peut pas y avoir de paix sans justice et respect des droits humains.* »[3]

Les droits de l'homme, intrinsèquement liés à la nature humaine et indépendants de toute autorité politique, forment le socle sur lequel repose la dignité individuelle. Ils transcendent les frontières et les juridictions.

Le respect, la protection et la réalisation de ces droits imposent aux États des obligations claires dans le contexte international : l'obligation de les respecter, de les protéger et de les réaliser.

Confronté aux maux dont souffre la justice guinéenne, notamment la corruption, l'impunité, le déficit

---

[1] NGOM (B), *Comment renforcer l'indépendance de la magistrature au Sénégal ?* L'Harmattan, 2014, p. 15.

[2] DRAME (M.A), « *Les Réformes Judiciaires en Guinée* » aperçu historique des différentes réformes judiciaires de 1958 à nos jours, *Source*, 2015, pp. 11-125.

[3] Déclaration de Irène Khan, avocate bangladaise et ancienne secrétaire générale d'Amnesty International, voir www.amnesty.org, consulté le 10 octobre 2023.

d'indépendance, l'insuffisance et la vétusté des infrastructures judiciaires ainsi que l'insuffisance du personnel judiciaire, le Gouvernement guinéen a décidé, au cours de son Conseil des ministres du 24 février 2011, l'organisation des états généraux de la Justice du 28 au 30 mars 2011[4], débouchant sur l'adoption en 2014 de la Politique nationale de réforme de la Justice (PNRJ).

La PNRJ couvrant la période 2014 - 2024[5], s'articule autour des axes suivants : « *l'Accès au droit et à la justice, l'Indépendance d'une magistrature responsable, le Renforcement et la valorisation des capacités humaines et institutionnelles, la lutte contre l'impunité.* »[6]

Cette réforme, bien que portée par une volonté politique affirmée, a été entravée par l'instabilité institutionnelle récurrente en Guinée. Les événements tels que les changements inconstitutionnels de gouvernement et les révisions constitutionnelles taillées sur mesure, ont eu des répercussions sur le processus de réforme de la justice, créant ainsi une instabilité institutionnelle et fragilisant la protection des droits fondamentaux.

Malgré ces défis, la Guinée démontre son engagement envers les droits de l'homme, comme en témoignent sa législation interne et ses engagements internationaux.

La réforme a été accompagnée par des partenaires et des acteurs internationaux, tels que l'Union européenne dans le cadre du 10ème Fonds européen de développement (FED), à

---

[4] Rapport final des états généraux de la justice guinéenne, du 28 au 30 mars 2011, p.4.

[5] Politique Nationale de la réforme de la justice (2014 – 2024), mars 2014.

[6] Discours de présentation du plan de la réforme de la justice tenu par Monsieur Mohamed Lamine FOFANA, ancien conseiller du président de la République de Guinée, chargé des relations avec les institutions républicaines, coordonnateur du comité national de pilotage de la réforme du secteur de la justice, Mercredi 18 février 2015, transcrit sur le site www.lexpressguinee.com, consulté le 8 septembre 2021.

travers la mise en place du Programme d'Appui à la Réforme du Secteur de la Justice (PARJU)[7], et le Gouvernement des États-Unis[8], illustrant ainsi toute l'importance de ce processus.

L'ouverture au dialogue international et à la participation active de la société civile, incarnée par des organisations, telles que la Fédération Internationale des Droits de l'Homme (FIDH) et l'Organisation Guinéenne de défense des Droits de l'Homme et du citoyen (OGDH), le collectif des ONG pour des textes de lois respectueux des droits de l'homme, sont des éléments importants dans le processus de réforme.

Ces acteurs contribuent au renforcement de l'accès à la justice par le biais de la sensibilisation et de l'éducation juridique, en offrant des conseils juridiques gratuits aux personnes nécessiteuses, en particulier aux personnes défavorisées ou marginalisées, et en représentant les justiciables devant les tribunaux, notamment dans les affaires complexes ou sensibles. La FIDH, l'OGDH et le MDT ont développé des cliniques juridiques à Conakry, Nzérékoré et Kankan entre 2015 et 2018. Ces Cliniques Juridiques composées de juristes et d'avocats basés à Conakry, Kankan et Nzérékoré, assurent des permanences pénales dans les tribunaux de premières instances de ces villes les jours d'audience criminelles et correctionnelles. Ces permanences permettent de mettre des avocats à la disposition de prévenus ou partie civile qui le souhaitent afin d'assurer leur défense.

---

[7] Convention de financement N° GN/FED/024-668 entre la Commission européenne et la République de Guinée du 27 janvier 2014 paraphée à Bruxelles, en Belgique.

[8] Lettre d'Accord de financement en la République de Guinée et les Etats Unis d'Amérique, consulté le 15 septembre 2023 sur www.state.gov/wp-content/uploads/2019/10/US-Guinea.

Ces Cliniques Juridiques participent en outre à la défense des droits de personnes les plus vulnérables à travers le recensement régulier dans les prisons des détenus malades, des mineurs, des femmes, ou des personnes en détention provisoire au-delà des délais légaux ou sans dossiers.

En Guinée, la reconnaissance formelle des droits de l'homme dans le droit interne et la ratification de la plupart des instruments juridiques régionaux et internationaux afférents contrastent avec une réalité quotidienne marquée par une précarité persistante de leur mise en œuvre. Ce constat paradoxal soulève des interrogations fondamentales quant à l'impact réel de la réforme de la justice sur la protection des droits fondamentaux.

De ce qui précède, examinons de près les réformes judiciaires intervenues en Guinée entre 2010 et 2024, en évaluant leur impact sur le respect effectif des droits de l'homme. L'objectif de cette étude est de répondre à une question essentielle, celle de savoir : comment apprécier la réforme de la justice guinéenne à l'aune des droits de l'homme ?

Ce faisant, nous analyserons les textes de loi, examinerons les données statistiques et les rapports d'organisations nationales et internationales, et recueillerons les témoignages des acteurs de la justice. Cette démarche nous permettra d'éclairer les forces et les faiblesses de la réforme de la justice guinéenne en matière de protection des droits de l'homme.

Ainsi, nous confronterons des dividendes escomptés de la réforme de la justice en Guinée (PREMIÈRE PARTIE) avec l'évaluation du processus (le bilan) de la réforme judiciaire sur le terrain des droits de l'homme (DEUXIÈME PARTIE).

PREMIÈRE PARTIE :

DES DIVIDENDES ATTENDUS DE LA RÉFORME DE LA JUSTICE

L'annonce, par le Gouvernement en 2011, de la réforme du secteur de la justice en Guinée a suscité de grands espoirs quant aux dividendes qu'elle pourrait apporter à la société guinéenne dans son ensemble. Ces dividendes sont multiples, qu'il s'agisse de l'amélioration de l'accès à la justice, de l'efficacité du système judiciaire, de la transparence des procédures judiciaires, de la modernisation du cadre juridique, de la lutte contre l'impunité, de l'indépendance du pouvoir judiciaire ou encore de la protection des droits de l'homme.

La justice, fondement de l'État de droit et moyen essentiel de sa sauvegarde, est primordiale pour la vie en société. Elle a pour noble mission de garantir et de protéger les droits et libertés des individus, en les préservant de toute atteinte de la part des personnes physiques et morales.

C'est pourquoi, dans cette première partie, nous explorerons les engagements en faveur du renforcement de l'État de droit (chapitre 1) et de la modernisation du système judiciaire (chapitre 2).

CHAPITRE I :

DE L'ENGAGEMENT POUR UN RENFORCEMENT DE L'ÉTAT DE DROIT

L'État de droit, concept juridique, philosophique et politique, repose sur la prééminence du droit dans un État. Il implique le respect de chacun, qu'il s'agisse des gouvernants ou des gouvernés, envers la loi. Cette approche pose le principe d'un droit unique auquel sont soumis, sur un pied d'égalité, l'individu et la puissance publique.

Selon la conception formelle développée par Hans Kelsen (Juriste Autrichien, père de la hiérarchie des normes), l'État de droit se matérialise sous la forme d'un ordre juridique hiérarchisé ou pyramidal auquel l'État est assujetti, tant dans son organisation interne que dans ses relations avec les citoyens[9]. En d'autres termes, l'État de droit repose sur le respect de la hiérarchie des normes, l'égalité des citoyens devant la loi et la séparation des pouvoirs exécutif, législatif et judiciaire.

Il est intrinsèquement lié aux droits humains et constitue un moyen essentiel pour les mettre en œuvre. La garantie d'une protection renforcée de l'État de droit englobe, à la fois, la primauté du droit (section 1) et l'indépendance du pouvoir judiciaire (section 2).

---

[9]NOONOU (KA), *Les défis du gouvernement démocratique en Afrique subsaharienne depuis 1990*, Sénégal, Harmattan, 2020, 94 p.

Section 1 : De l'importance de la primauté du droit

La primauté du droit repose sur un principe fondamental : la loi doit s'appliquer à tous de manière égale, indépendamment de leur pouvoir ou de leur position. Elle contribue à la protection des droits, des libertés et de l'égalité. Pour garantir cette égalité, il est essentiel que ceux qui élaborent les lois (les législateurs) ne soient pas les mêmes que ceux chargés de les interpréter et de rendre des décisions (les juges), ni ceux responsables de leur mise en œuvre (les administrateurs).

Dans cette section, nous examinerons également le principe de la séparation des pouvoirs (paragraphe 1) et la garantie des droits fondamentaux (paragraphe 2).

Paragraphe 1 : Du respect de la séparation des pouvoirs

La séparation des pouvoirs est un principe fondamental visant à garantir une gouvernance plus stable et démocratique en évitant la concentration excessive du pouvoir entre les mains d'une seule entité. Dans son ouvrage "*De l'Esprit des Lois*" (1748), Montesquieu, auteur français, théorise l'idée de la séparation des pouvoirs comme fondement de la démocratie. *Il déclare : « Tout homme qui a du pouvoir est porté à en abuser ; il va jusqu'à ce qu'il trouve des limites. Pour qu'on ne puisse abuser du pouvoir, il faut que par la disposition des choses, que le pouvoir arrête le pouvoir. »*[10] Cette réflexion souligne l'importance de la séparation des pouvoirs pour prévenir les abus et promouvoir la liberté.

Dans la pratique, le respect de ce principe constitue un défi majeur en Guinée, comme en témoignent les déclarations du personnel de la justice lors des

[10]Didier(C) «*La liberté politique selon Montesquieu* », revue dans l'enseignement philosophique, N°2013/3(63e Année), PP. 9 – 29.

concertations entre le Président de la Transition et les forces vives du pays à Conakry. Alpha Saliou Barry, directeur national des Affaires civiles et du Sceau au ministère de la Justice, se réjouit : « *Nous sortons d'ici très satisfaits et confiants, car on nous a assuré qu'il ne faut plus avoir peur de quoi que ce soit. Il n'y a plus de chasse aux sorcières, plus de crainte, et l'autorité exécutive ne s'immiscera plus dans les décisions rendues par les cours et tribunaux.* »[11] Abdoulaye Baldé, conseiller au ministère de la Justice, ajoute que « *lorsque l'on dit que la justice est corrompue, c'est parce que le pouvoir exécutif et l'administration lui demandent souvent de violer la loi. Les magistrats se conforment ainsi au système. Entre la loi et la vie, que choisir ? J'ai choisi de vivre et d'accepter ce qu'on nous dicte. Donc, ce sont ces maux qui nous fatiguent. Mais les nouvelles autorités ont promis de corriger tout cela.* »[12] Telle est la présentation dramatique de la situation de la séparation des pouvoirs en Guinée par le personnel judiciaire, au lendemain du 5 septembre 2021, révélant un profond sentiment de lassitude et de résignation face aux dysfonctionnements institutionnels, mais aussi un espoir fragile dans les engagements des nouvelles autorités.

La réforme de la justice entreprise vise à consolider les bases fondamentales de l'État de droit. Au cœur de cette entreprise se trouve la reconnaissance de la séparation des pouvoirs, un principe essentiel pour garantir la stabilité. Les dernières constitutions guinéennes, en consacrant cette séparation, établissent un équilibre entre les branches du pouvoir et proclament les droits fondamentaux.

Plus précisément, elles garantissent l'indépendance du pouvoir judiciaire vis-à-vis de l'exécutif et du législatif,

---

[11]RTG, Journal télévisé du 22 septembre 2021, Interview transcrit sur www.lepays.bf , consulté le 5 septembre 2023.

[12]Interview transcrit sur www.lelynx.net,consulté le 5 octobre 2023

tout en définissant les responsabilités et compétences de chaque branche du pouvoir.

Cependant, la Charte de la Transition du 27 septembre 2021, considérée comme Loi fondamentale de la République de Guinée pendant la période de transition (article 84), ne consacre pas spécifiquement la notion de séparation des pouvoirs. Cette absence explicite dans la Charte soulève plusieurs interrogations et préoccupations, et pourrait faciliter une concentration du pouvoir entre les mains de l'exécutif ou des autorités de transition.

Or, la séparation des pouvoirs est un principe fondamental dans toute démocratie, garantissant que les trois branches du pouvoir – législatif, exécutif et judiciaire – exercent leurs fonctions de manière indépendante tout en restant interdépendantes. Seul le législatif vote les lois, seul l'exécutif les exécute, et seul le judiciaire les interprète.

Toutefois, il est important de reconnaître que, bien que chaque branche du pouvoir ait des fonctions distinctes, elles ne sont pas totalement isolées les unes des autres. Lorsqu'un juge rend une décision, il dépend de l'exécutif pour en assurer l'application. De même, le texte du législateur ne prend toute sa signification que lorsqu'il est interprété par le juge, et cette interprétation n'a de force que lorsqu'elle est mise en œuvre par l'exécutif. Ainsi, chaque pouvoir, bien qu'indépendant, nécessite l'interaction et la coopération des autres pour remplir pleinement son rôle, ce qui marque la fin de toute compétence monolithique.

Cette interaction et interdépendance entre les pouvoirs sont d'autant plus importantes lorsqu'il s'agit de garantir le respect des normes fondamentales, telles que les droits humains. En effet, les normes relatives aux droits humains constituent le socle sur lequel repose la législation et le système politique de l'État, et elles sont une condition essentielle à la mise en œuvre de procédures judiciaires équitables.

L'article 16 de la Déclaration des droits de l'homme et du citoyen du 26 août 1789 renforce cette théorie en disposant : « Toute société dans laquelle la garantie des droits n'est pas assurée ni la séparation des pouvoirs déterminée, n'a point de Constitution. » La protection des droits naturels de l'homme apparaît ainsi comme le corollaire de la séparation des pouvoirs. Le contrôle mutuel exercé par les trois pouvoirs l'un sur l'autre préserve l'individu des atteintes à ses droits fondamentaux[13]. Parallèlement, la séparation des pouvoirs érige une barrière contre le despotisme et la tentation à l'autocratie, car aucune personne ne doit monopoliser l'ensemble des pouvoirs souverains.

L'institutionnalisation de mécanismes protecteurs des droits fondamentaux place la Guinée dans le concert des pays africains qui s'efforcent de créer les conditions d'une effectivité de leur constitution. Dans le même temps, elle inscrit les principes fondamentaux reconnus dans les pays de vieille tradition démocratique[14].

En dépit de cela, il convient de souligner que la mise en pratique de ces principes peut varier et repose souvent sur la volonté politique, le respect de l'État de droit, ainsi que sur la vigilance des institutions et de la société civile pour préserver la séparation des pouvoirs. La garantie de cette séparation dépend non seulement de ce qui est énoncé dans la Constitution, mais également du comportement des acteurs politiques qui dirigent le pays.

---

[13] www.vie-publique.fr, consulté le 4 Aout 2023.

[14]DIABY(A), « *Le temps dans l'élaboration des constitutions en Afrique : la constitutiondu7mai2010*» Annales de l'université Toulouse 1 capitole, n°55, 2014, P. 190.

Paragraphe 2 : De la garantie des droits fondamentaux

Les droits fondamentaux, proclamés par la Constitution et/ou des textes juridiques internationaux, sont essentiels à l'individu. Ils font l'objet d'une protection particulière, notamment par le juge constitutionnel et/ou le juge international[15]. Cela met en évidence l'importance de ces droits pour la protection des individus, le rôle clé des mécanismes judiciaires dans leur sauvegarde, ainsi que la manière dont ces droits sont garantis à la fois par des textes juridiques nationaux et internationaux.

Cette reconnaissance universelle de ces droits est essentielle pour une société juste et démocratique, soulignant la nécessité d'une vigilance constante pour leur protection par des institutions compétentes.

Dans cette optique, il est significatif de noter qu'une grande partie des droits fondamentaux consacrés dans la Constitution du 22 mars 2020 a été reconduite dans la Charte de la Transition, notamment dans son chapitre IV intitulé « Des libertés, devoirs et droits fondamentaux. »[16]

Parmi les droits énoncés dans cette charte, citons le droit à la dignité, à l'égalité, à la sécurité, à la justice, à la liberté d'expression, d'opinion et d'association, ainsi que le droit à l'assistance d'un avocat, au travail, à la création de syndicats et à la liberté de circulation.

Par contre, les droits à la vie, à la santé, le droit des personnes vivant avec un handicap, et la liberté de manifestation figurent parmi les droits fondamentaux qui sont largement absents de la Charte de la Transition du 27 septembre 2021. L'absence de ces droits soulève des préoccupations quant à la protection des citoyens durant

---

[15] SACKO(A), « *La protection des droits et libertés en Guinée : l'accès des particuliers à la justice constitutionnelle* » Annales Africaines N° spécial Janvier 2021, PP 1-24.

[16] Charte de la transition du 27 septembre 2021, article 2, Page 6.

cette période transitoire. En particulier, la liberté de manifestation, étant un élément clé de la démocratie participative, revêt une importance accrue en période de transition en tant que moyen de pression des citoyens sur les autorités. Son omission peut affaiblir les mécanismes permettant aux citoyens de faire entendre leurs préoccupations et de participer activement au processus démocratique.

Dans ce contexte, pour garantir la mise en œuvre effective des droits fondamentaux, il est impératif d'établir des mécanismes de protection adaptés. En effet, aucune protection des droits de l'homme ne peut être efficace sans des mécanismes juridictionnels appropriés.

Ces dispositifs et procédures visent à assurer le respect, la protection et la défense des droits fondamentaux des individus. Ils jouent un rôle essentiel dans le maintien de l'État de droit et la promotion des droits de l'homme. Examinons quelques-uns de ces mécanismes ci-dessous :

1. Constitution et lois nationales

La Constitution joue un rôle essentiel dans la définition des droits fondamentaux et des principes juridiques qui les garantissent. Elle établit les droits et les responsabilités des citoyens, ainsi que les procédures à suivre en cas de violation de ces droits. Les lois nationales, y compris les codes, complètent ces dispositions en détaillant les normes applicables dans des domaines spécifiques.

2. Mécanismes juridictionnels de protection des droits de l'homme

Les cours et tribunaux nationaux ont pour mission de veiller à l'application des lois et de protéger les droits fondamentaux. Ils sont les gardiens de la justice et des libertés individuelles.

Les individus peuvent saisir les tribunaux nationaux pour faire valoir leurs droits fondamentaux, en cas de violation par les autorités étatiques ou par des acteurs

privés. En 2018, 252 foyers regroupant 4 436 personnes[17] menacées de déguerpissement[18] par le gouvernement dans le quartier Kipé 2 de Conakry, en Haute-Banlieue, dans la commune de Ratoma, ont saisi le tribunal de première instance de Dixinn pour faire valoir leurs droits.

En ce sens, les mécanismes juridictionnels se présentent comme des outils indispensables pour les citoyens lésés, leur permettant de solliciter réparation en cas d'atteinte à leurs droits fondamentaux.

3. Mécanismes non juridictionnels de protection des droits de l'homme

En parallèle des mécanismes juridictionnels, les mécanismes non juridictionnels de protection des droits de l'homme jouent un rôle essentiel dans la prévention des violations, la promotion du dialogue et la recherche de solutions consensuelles.

De nombreux pays ont créé des institutions nationales indépendantes chargées de surveiller la situation des droits de l'homme. Ces organismes, tels que les Commissions nationales des droits de l'homme et les Institutions nationales indépendantes des droits humains (INIDH), enquêtent sur les violations des droits fondamentaux et formulent des recommandations. En Guinée, par exemple, l'INIDH a été créée par la Loi organique L/008/CNT/2011 du 14 juillet 2011 et mise en place en 2014 par le décret D/2014/261/PRG/SGG du 30 décembre 2014

L'un des piliers de l'action de l'INIDH réside dans sa capacité à mener des enquêtes indépendantes sur les violations présumées des droits humains. Par exemple, elle déploie des commissaires de l'institution dans les centres de

[17]www.guineenews.org/conakry-plus-de-200-familles-menacees-de-deguerpissement-a-kipe-2/, consulté le 12 mars 2024

[18] www.hrw.org/fr/news//guinee-des-expulsions-forcees-draconiennes, consulté le 20 Aout 2024

détention pour vérifier le respect du délai légal de la détention provisoire et de la garde à vue

À l'issue de ces enquêtes, elle est habilitée à formuler des recommandations aux autorités compétentes, notamment au gouvernement, afin de garantir le respect des droits humains et de prévenir la survenue de nouvelles violations.

Il en est de même du Médiateur de la République qui est une institution chargée de garantir le respect des droits des citoyens en intervenant dans les litiges les opposant à l'administration publique. La saisine du Médiateur est libre et ne requiert ni avocat ni frais de procédure. La procédure de médiation est souple et confidentielle, et vise à trouver une solution amiable au litige. Malgré ces atouts indéniables, force est de constater que l'institution ne parvenait pas à pleinement remplir sa mission.

La méconnaissance du rôle et de la procédure de saisine du Médiateur par les citoyens constituait un frein majeur à son efficacité. Nombreux Guinéens sont ceux qui ignorent l'existence de cette institution ou ne savent pas comment la solliciter.

À cette lacune informationnelle s'ajoutaient des difficultés budgétaires entravant le bon fonctionnement du Médiateur. Les personnalités ayant occupé la tête de cette institution n'ont pas manqué de soulever et de déplorer ces difficultés lors de rencontres privées et publiques.

À noter que, ces institutions ont été dissoutes le 5 septembre 2021 après le changement anticonstitutionnel de gouvernement perpétré par le Comité national du Rassemblement pour le Développement (CNRD)[19].

Après avoir examiné l'importance de la primauté du droit, nous abordons maintenant le rôle crucial d'un pouvoir judiciaire indépendant pour assurer cette primauté.

---

[19]www.lepoint.fr, *discours de prise de pouvoir du Colonel Mamadi Doumbouya*, 5 Sept. 2021, consulté le 8 Sept. 2023.

Section 2 : De l'indépendance du pouvoir judiciaire

L'indépendance du pouvoir judiciaire est un principe fondamental dans une société démocratique ; elle est essentielle pour garantir la primauté du droit.

Elle fait référence à la capacité des juges à exercer leurs fonctions sans ingérence ou pression extérieure, que ce soit du pouvoir exécutif, législatif ou de tout autre groupe d'influence.

L'indépendance judiciaire vise à assurer que les décisions judiciaires sont prises en toute impartialité, équité et en conformité avec la loi. Ce qui implique le respect du principe d'égalité devant la justice (paragraphe 1) et la préservation de l'indépendance de la magistrature (paragraphe 2).

Paragraphe 1 : Du respect du principe d'égalité devant la justice

Le principe d'égalité devant la justice est un élément essentiel dans un État de droit. Il garantit que toutes les personnes, indépendamment de leur statut social, de leur origine ethnique, de leur sexe, de leur religion ou de leur situation financière, sont traitées de manière égale par le système judiciaire.

Ce principe d'égalité devant la justice trouve ses bases à la fois au niveau international et national.

Au niveau international, la Déclaration universelle des droits de l'homme du 10 décembre1948, en son article 1er, dispose : « *Tous les êtres humains naissent libres et égaux en dignité et en droits. Ils sont doués de raison et de conscience et doivent agir les uns envers les autres dans un esprit de fraternité.* » En plus, l'article 7 de la même déclaration édicte : « *Tous sont égaux devant la loi et ont droit, sans distinction, à une égale protection de la loi. Tous ont droit à une protection égale contre toute discrimination*

qui violerait la présente Déclaration et contre toute provocation à une telle discrimination. »

Aussi, le Pacte international relatif aux droits civils et politiques du 16 décembre 1966, en son article 26, dispose : « *Toutes les personnes sont égales devant la loi et ont droit sans discrimination à une égale protection de la loi. À cet égard, la loi doit interdire toute discrimination et garantir à toutes les personnes une protection égale et efficace contre toute discrimination, notamment de race, de couleur, de sexe, de langue, de religion, d'opinion politique et de toute autre opinion, d'origine nationale ou sociale, de fortune, de naissance ou de toute autre situation.* »

Sur le plan régional, et dans le même ordre d'idée, la Charte africaine des droits de l'homme et des peuples du 28 juin 1981, en son article 3, dispose : « *Toutes les personnes ont le droit à une protection de la loi.* »

Sur le plan national, les préambules des Constitutions du 7 mai 2010, du 22 mars 2020 et de la Charte de la Transition du 27 septembre 2021, réaffirment l'attachement de la Guinée aux valeurs et principes, tels qu'inscrits dans ces instruments régionaux et internationaux cités ci-haut, qui garantissent le principe d'égalité des individus devant la justice.

Cette égalité se manifeste à plusieurs niveaux :

Égalité devant la loi : Toutes les lois doivent être appliquées de manière égale à tous les individus, sans distinction.

Égalité dans la procédure : Les procédures judiciaires doivent être équitables et garantir que toutes les parties aient un accès égal à la justice. Cela inclut le droit à un avocat, le droit à un procès juste et équitable (respect du délai raisonnable), le droit à être entendu et le droit d'exercer un recours effectif (le droit de contester les décisions des premiers juges).

Traitement égal devant les cours et tribunaux : Les juges doivent traiter toutes les parties de manière équitable et impartiale lors des audiences.

Non-discrimination : Les tribunaux ne doivent pas prendre en compte des caractéristiques personnelles, telles que la couleur de la peau, le genre ou la religion, les opinions politiques pour rendre leurs décisions.

L'importance de ce principe d'égalité pour le fonctionnement d'un système juridique indépendant est multiple :

Le respect de ce principe garantit la confiance du public dans le système judiciaire en assurant que la justice soit rendue de manière impartiale ; ce qui renforce l'État de droit.

Il contribue à prévenir les abus de pouvoir et à protéger les droits fondamentaux des individus, et renforce la légitimité des décisions judiciaires et la crédibilité de tout système juridique.

Le principe d'égalité devant la justice exige que tous les justiciables se trouvant dans la même situation soient jugés selon les mêmes règles de procédure et de fond.

En outre, concernant la lutte contre l'impunité, pour garantir l'égalité devant la justice, il s'agit d'une démarche qui ne vise pas seulement à rendre justice aux victimes, c'est aussi une question de prévention des violations futures des droits de l'homme. Elle renvoie un message clair selon lequel, personne n'est au-dessus de la loi, et elle contribue à établir un climat de respect des droits fondamentaux.

La lutte contre l'impunité pour le respect du principe d'égalité devant la justice repose sur plusieurs piliers essentiels énumérés dans le plan d'actions prioritaires de la réforme de la justice[20]. Le fait que cette lutte soit intégrée en tant que pilier central dans le plan de réforme témoigne

---

[20]Plan d'actions prioritaires de la réforme de la justice, 2015–2019, Axe 4 : luttecontre l'impunité, Page16.

d'une reconnaissance formelle et structurée de son importance. En effet, un système judiciaire qui s'attaque efficacement à l'impunité est plus apte à faire face aux cas d'injustice.

Après avoir abordé le respect du principe d'égalité devant la justice, nous explorerons l'importance d'une magistrature indépendante dans la préservation de ce principe.

Paragraphe 2 : De la préservation de l'indépendance de la magistrature

Les magistrats, dans l'exercice de leurs fonctions, ne sont soumis qu'à la seule autorité de la loi[21]. Ainsi, l'article 18 de la loi organique portant statut des magistrats dispose : « *l'indépendance, l'impartialité et l'intégrité impliquent pour le magistrat le devoir de probité, de loyauté, de respect de la loi et de la protection de la dignité et des libertés individuelles.* »

Parmi les garanties statutaires d'indépendance et d'impartialité des magistrats figurent en premier lieu : l'inamovibilité pour les juges du siège [22]et le principe du privilège de juridiction pour l'ensemble des magistrats.

Les magistrats du siège sont inamovibles (article 112, alinéa 2, de la Constitution du 22 mars 2020). Ce principe signifie qu'aucun magistrat du siège ne peut être ni déplacé, ni sanctionné, ni renvoyé sans l'observation d'une procédure spécialement aménagée pour garantir son indépendance.

L'intérêt qui s'attache à l'édiction d'une telle règle est considérable, car il n'y aurait de sécurité pour personne si dans l'exercice de leur fonction, les magistrats du siège

---

[21]République de Guinée, Loi organique portant statut des magistrats, article16, Page3

[22] NGOM (B) *comment renforcer l'indépendance de la magistrature au Sénégal* ? Harmattan, 2014, Op.cit., P12

pouvaient subir des pressions ou des sanctions selon le bon vouloir de l'exécutif.

Le principe d'inamovibilité vise à protéger ceux qui jugent, c'est-à-dire les magistrats du siège ou magistrats « *assis* ». Cependant, le principe d'inamovibilité ne s'applique pas aux magistrats du parquet encore appelés magistrats « *debout* » ou magistrats du Ministère public. Le parquet, c'est le corps des magistrats chargés de représenter la société et le Gouvernement auprès des juridictions. Les magistrats du parquet, contrairement aux magistrats du siège, sont soumis au principe hiérarchique, et à la mobilité.

Du privilège de juridiction : l'article 16, alinéa 2, de la loi organique portant statut des magistrats dispose : « *Hors les cas prévus par la loi et sous réserve de l'exercice du pouvoir disciplinaire, les magistrats ne peuvent être poursuivis ou inquiétés, en aucune manière, en raison des actes qu'ils accomplissent dans l'exercice de leurs fonctions ou à l'occasion de cet exercice.* » Ce privilège vise également à protéger les magistrats contre des poursuites ou des représailles pour les décisions qu'ils rendent dans l'exercice de leurs fonctions judiciaires. Cela favorise leur indépendance en les encourageant à rendre des jugements basés sur la loi et la jurisprudence, plutôt que par crainte de représailles.

La perception de l'indépendance de la magistrature par les justiciables, ainsi que leur confiance en la capacité des juges à rendre des décisions impartiales et équitables, peut constituer un indicateur positif de cette indépendance.

Les conclusions du rapport de la Commission provisoire de réflexion sur la réconciliation nationale, rendu public le 27 juin 2016, restent à ce jour valables sur la question de la perception de la justice par les justiciables. (Voir le tableau

numéro 1 en Annexe, synthétisant les éléments saillants de ce rapport[23]).

Cette enquête qui reste d'actualité montre de manière concluante que les justiciables interrogés ne croient pas en l'indépendance des magistrats et de la justice. Cette constatation soulève des questions sérieuses concernant la perception de l'indépendance du pouvoir judiciaire en dépit des changements sur le plan législatif en vue de renforcer cette indépendance.

L'indépendance de la magistrature revêt une importance capitale pour assurer la suprématie de la loi, la préservation des droits de l'homme et l'équité dans le système judiciaire. Elle met en lumière la capacité des juges à exercer leurs fonctions sans subir d'interférences ou de pressions externes. Cette indépendance est cruciale pour diverses raisons :

Protection des Droits fondamentaux : Elle garantit le respect des droits fondamentaux des citoyens en assurant que les jugements soient rendus de manière totalement impartiale.

Prévention des abus de pouvoir : Elle prévient les abus de pouvoir, notamment l'ingérence politique dans les affaires judiciaires.

Confiance des justiciables : Elle renforce la confiance des justiciables au système judiciaire en le présentant comme un organe impartial et équitable.

Le corollaire d'une magistrature indépendante étant de la rendre responsable, la mise en place et l'opérationnalisation du Conseil supérieur de la magistrature, permettront à ses membres de veiller à l'application du statut de la magistrature, de défendre les

---

[23] Rapport de la commission provisoire de réflexion sur la réconciliation nationale, rendu public le 27 juin 2016, p. 71

intérêts du corps et de prendre les sanctions qui s'imposent[24].

Le plan d'actions prioritaires de la réforme de la justice guinéenne dans son Axe 2 « *Promouvoir et renforcer une magistrature responsable.* »[25], montre une approche structurée et multidimensionnelle pour répondre aux défis persistants du système judiciaire guinéen. Ce plan est crucial pour plusieurs raisons :

1. Établissement de normes claires et cohérentes : L'élaboration d'un règlement intérieur et d'un guide de déontologie pour les magistrats est fondamentale pour uniformiser les pratiques au sein de la magistrature. Cela contribue à clarifier les attentes en matière de conduite professionnelle et à renforcer la confiance du public dans le système judiciaire.
2. Garantie de l'indépendance judiciaire : En insistant sur l'application stricte des lois relatives au statut de la magistrature, ce plan protège l'indépendance des magistrats, en particulier à travers le respect du principe d'inamovibilité des magistrats du siège. Cela est essentiel pour préserver l'impartialité des décisions judiciaires.
3. Amélioration des conditions de travail : La revalorisation des salaires et l'amélioration des conditions de vie des magistrats visent non seulement à attirer et retenir des professionnels compétents, mais aussi à diminuer les tentations de corruption, un problème souvent exacerbé par des rémunérations insuffisantes.
4. Modernisation de la gestion des carrières : Transfert des dossiers des magistrats du ministère de la Fonction publique vers un système informatisé de gestion des carrières, pour assurer une gestion plus transparente,

---

[24]Politique Nationale de la réforme de la justice (2014 –2024), Mars 2014, Page13.

[25]Plan d'actions prioritaires de la réforme de la justice 2015–2019, Axe2, Promouvoir et renforcer une magistrature responsable, Page 12.

efficace et sécurisée des parcours professionnels des magistrats.

5. Renforcement des mécanismes de contrôle : L'introduction de mécanismes de contrôle et de discipline est importante pour garantir que les magistrats respectent les normes déontologiques et que toute déviation soit corrigée de manière transparente et juste. Cela contribue également à améliorer l'image de la justice.

6. **Autonomie financière** : La création de budgets annuels spécifiques pour le Conseil supérieur de la Magistrature renforce l'autonomie de cette institution, ce qui est essentiel pour un système judiciaire fonctionnant indépendamment des influences extérieures, notamment politiques.

En outre, la formation et la valorisation des professionnels de la justice sont des défis majeurs dans le cadre de l'actualisation des connaissances des professionnels de la justice sur les nouvelles lois, les procédures judiciaires modernisées, les technologies émergentes et les normes internationales. Cela contribue à améliorer la qualité des services juridiques offerts, à renforcer l'impartialité et l'efficacité du système judiciaire.

Pour faire face à ces défis, le plan d'actions prioritaires de la réforme de la justice 2015 – 2019 a déroulé des activités dans le cadre de la formation et la valorisation des professionnels de la justice, il s'agit de[26]:

✓ Recenser et évaluer les compétences du personnel du ministère de la Justice, des magistrats, greffiers, officiers de police judiciaire (OPJ), agents pénitentiaires ;

✓ Opérationnaliser le plan de formation dans le cadre de la future École nationale d'Administration, qui pourrait créer un département Magistrature ;

---

[26] Plan d'actions prioritaires de la réforme de la justice 2015 – 2019, Axe 3 : renforcement et valorisation des ressources humaines, Page 14

✓ Prévoir des formations communes entre les divers corps professionnels (magistrats, greffiers, OPJ, avocats, huissiers de justice, notaires, etc.) ;

✓ Élaborer un programme cohérent de recrutement qui tient compte de la promotion du genre, des besoins en personnel spécialisé pour les prochaines années et de ressources professionnelles performantes ;

✓ Procéder à l'évaluation annuelle des ressources humaines et à une meilleure gestion de leur carrière, afin de fournir des possibilités d'avancement aux personnes formées[27].

L'indépendance de la magistrature est un élément-clé de l'État de droit et de la protection des droits de l'homme, et sa garantie contribuera à promouvoir une justice équitable, à protéger les droits des citoyens et à renforcer la confiance dans le système judiciaire, car, lorsque les justiciables perdent confiance en l'indépendance des magistrats, cela peut avoir un impact significatif sur leur perception de l'équité du système judiciaire et leur volonté de recourir à la justice pour résoudre des litiges.

Cela peut également éroder la crédibilité du système judiciaire aux yeux du public et saper la primauté du droit.

Après cette analyse, nous nous pencherons sur l'examen de la modernisation du système judiciaire guinéen.

---

[27] Plan d'actions prioritaires de la réforme de la justice 2015 – 2019, Axe 3 : renforcement et valorisation des ressources humaines, Page 14

CHAPITRE 2

DE LA MODERNISATION DU SYSTÈME JUDICIAIRE

Le processus de modernisation du système judiciaire vise à améliorer l'efficacité et la qualité de la justice. Il s'agit d'une démarche complexe qui implique des réformes législatives et institutionnelles, qui poursuit l'objectif essentiel de renforcer l'efficacité et l'équité de la justice, mais aussi promouvoir les droits fondamentaux de tous les citoyens.

Ce chapitre traite les réformes du cadre juridique (section 1) et institutionnelles (Section2).

Dans la première section, nous étudierons les réformes du cadre juridique nécessaires pour moderniser le système judiciaire. Il est essentiel d'adapter les lois en vigueur afin de répondre aux défis actuels et d'assurer une justice équitable et respectueuse des droits humains.

La deuxième section examine les mesures à prendre pour rendre le système judiciaire plus moderne et accessible. Cela peut inclure la création de nouveaux cours et tribunaux, l'amélioration des infrastructures judiciaires, la formation des magistrats.

Section 1 : De l'actualisation du cadre normatif

L'actualisation du cadre normatif national bien qu'étant un objectif important de la réforme de la justice peut être un processus complexe, mais elle est essentielle pour renforcer

l'État de droit, favoriser la stabilité et la protection des droits de l'homme.

Ce processus vise à rendre le système juridique plus efficace et accessible pour les citoyens. Cela peut impliquer la numérisation des procédures judiciaires, la création de tribunaux spécialisés pour des domaines spécifiques, la réforme des codes et des lois pour les adapter aux évolutions de la société, et la promotion de l'accès à la justice pour tous.

Ainsi, nous mettrons un accent sur les réformes législatives (paragraphe 1) et l'amélioration de l'accès à la justice (paragraphe 2).

Paragraphe 1 : les réformes législatives

Les réformes législatives sont des modifications ou amendements apportés aux lois et aux textes juridiques dans le but de faire évoluer le cadre juridique, afin de promouvoir les droits de l'homme, de stimuler le développement économique, et de répondre aux besoins de l'évolution de la société. Les réformes législatives peuvent couvrir divers domaines, notamment le droit constitutionnel, le droit pénal, le droit civil, le droit commercial, le droit de l'environnement, et bien d'autres.

Des propositions dans le cadre des réformes législatives portent sur l'élaboration d'une politique législative générale accompagnée d'un plan d'action afin de mener des actions de mise en conformité de la législation nationale avec les instruments juridiques internationaux[28], auxquels la Guinée est partie. Ces mesures visent à moderniser le cadre législatif, à garantir sa cohérence avec les normes internationales, et à promouvoir une meilleure protection des droits des citoyens. Toutefois, la mise en œuvre de ces réformes nécessitera une planification rigoureuse, une

---

[28] République de Guinée, Politique Nationale de réforme de la justice, 2014 – 2024, Page 12

coordination efficace, ainsi que des investissements substantiels en formation et en ressources pour assurer leur succès et leur durabilité.

Dans ce contexte, il est pertinent de noter les efforts pour moderniser le cadre juridique, comme le souligne l'ancien Directeur National de la Législation du ministère de la Justice et des droits de l'homme, M. KABA Lamine. Selon lui, « *Outre la création de la Direction Nationale de la Législation*[29]*par décret D/368/PRG/SGG du 20 avril 2016 portant attributions, organisation et fonctionnement du Ministère de la Justice, il convient de rappeler qu'après les États généraux de la Justice en 2011, des commissions de révision des textes législatifs ont été mises en place. Ce qui a permis de réaliser plusieurs réformes, d'autant plus que tous les textes de loi, votés depuis des années, avaient besoin d'une revue complète. Ainsi, ce travail a concerné à la fois le Code civil, le Code pénal, le Code de procédure pénale, le Code de justice militaire, le Code de l'enfant, etc. C'est pratiquement l'ensemble des textes qui existaient qui a fait objet de révision.* »[30]

Pour renforcer ces réformes, la participation des parties prenantes, notamment des organisations non gouvernementales (ONG) et des citoyens, joue un rôle non négligeable. Le Collectif des ONG pour des Textes de Loi Respectueux des Droits de l'Homme créé, dans le cadre de la réforme, par des acteurs de la société civile est un exemple concret de cette participation.

Ce collectif joue un rôle actif dans la modernisation de la législation et l'intégration des préoccupations des

---

[29]Décret D/368/PRG/SGG du 20 avril 2016 portant attributions, organisation et fonctionnement du ministère de la Justice, voir https://www.invest.gov.gn, consulté le 10 septembre 2023

[30]Magazine du ministère de la Justice de Guinée, imprimé et publié en Novembre 2019, réalisé par la cellule de communication et relations extérieures, Page 15.

citoyens dans les textes. Parmi les succès obtenus grâce à ses plaidoyers, on note l'internationalisation de la Convention contre la torture dans les textes guinéens, l'abolition de la peine de mort, la reconnaissance de l'autorité parentale conjointe pour les deux parents, ainsi que l'harmonisation de l'âge légal du mariage à 18 ans pour les filles et les garçons. Ces avancées témoignent de l'impact significatif de la participation de la société civile au processus de réforme.

Toutefois, il est important de souligner que les réformes législatives ne se limitent pas à l'adoption de lois modernes ; elles nécessitent également une mise en œuvre efficace. Cela implique un engagement ainsi qu'une volonté politique affirmée de la part du gouvernement pour garantir que les réformes soient pleinement opérationnelles.

Après avoir examiné l'actualisation du cadre juridique national, nous nous focalisons sur l'amélioration de l'accès à la justice.

Paragraphe 2 : De l'amélioration de l'accès à la justice

L'accès à la justice est un principe fondamental pour la promotion de l'État de droit, la protection des droits de l'homme, et la résolution équitable des différends. Il est essentiel de garantir que la justice soit accessible à tous, quel que soit leur statut.

Ainsi, la Déclaration universelle des droits de l'Homme[31] de 1948 dispose en son article 8 : « *Toute personne a droit à un recours effectif devant les juridictions nationales compétentes contre les actes violant les droits fondamentaux qui lui sont reconnus par la Constitution ou par la loi.* » Plus loin, l'article 10 de la même Déclaration

---

[31]Déclaration universelle des droits de l'homme, adoptée par l'Assemblée générale des Nations unies, 10 décembre 1948 à Paris, au palais de Chaillot, (résolution 217 A (III)).

souligne : « *Toute personne a droit, en pleine égalité, à ce que sa cause soit entendue équitablement et publiquement par un tribunal indépendant et impartial, qui décidera, soit de ses droits et obligations, soit du bien-fondé de toute accusation en matière pénale dirigée contre elle.* »

L'amélioration du droit d'accès à la justice implique les paramètres suivants :

Égalité devant la loi : L'accès à la justice signifie que tous les individus sont égaux devant la loi, quel que soit leur statut social, économique, ou ethnique. Personne ne devrait être désavantagé dans l'accès aux tribunaux en raison de sa situation personnelle.

Coûts abordables : Les coûts associés à l'accès à la justice, tels que les frais de justice et les honoraires d'avocats, ne doivent pas constituer un obstacle majeur pour les individus. Des mécanismes tels que l'aide juridictionnelle doivent être disponibles pour ceux qui ne peuvent pas se permettre de payer pour des services juridiques.

Informations et assistance : Les justiciables doivent être informés de leurs droits légaux et avoir accès à une assistance juridique lorsque cela est nécessaire. Cela peut inclure des services d'information juridique, des consultations juridiques gratuites ou à coût réduit, et la représentation par un avocat.

Procédures accessibles : Les procédures judiciaires doivent être conçues de manière à être accessibles aux personnes sans nécessiter une connaissance juridique spécialisée. Les tribunaux doivent être ouverts, transparents et compréhensibles pour le public.

Langue et Culture : L'accès à la justice doit être assuré pour tous, y compris les personnes dont la langue maternelle n'est pas la langue officielle du pays. Les tribunaux doivent prendre en compte les différences culturelles et linguistiques.

Délais raisonnables : Le principe de délai raisonnable est un concept juridique fondamental qui s'applique à l'ensemble des procédures judiciaires. Il vise à garantir que les affaires soient traitées dans un laps de temps compatible avec les exigences d'une justice équitable et efficace. Ce principe est consacré dans de nombreux instruments internationaux, notamment le Pacte international relatif aux droits civils et politiques (article 14).

Un délai déraisonnable dans le traitement d'une affaire judiciaire peut avoir des conséquences néfastes pour les justiciables. Cela peut se traduire par une atteinte à leur droit à un procès équitable, à un préjudice économique ou moral, et à une perte de confiance dans l'institution judiciaire.

En Guinée, le principe de délai raisonnable est consacré dans les textes. Cependant, la mise en œuvre de ce principe reste un défi majeur pour le système judiciaire guinéen. Les retards excessifs dans le traitement des affaires sont fréquents, ce qui entrave l'accès effectif des justiciables à la justice.

Réparation des préjudices : L'accès à la justice inclut la possibilité pour les individus de demander réparation en cas de préjudice subi, y compris les recours civils et les indemnisations.

Recours alternatifs : Outre les tribunaux classiques, des mécanismes alternatifs de résolution des conflits tels que la médiation, la conciliation et l'arbitrage peuvent être proposés aux justiciables pour offrir des solutions plus rapides et moins formelles.

Protection des Droits humains : L'accès à la justice est essentiel pour protéger les droits de l'homme et lutter contre l'impunité. Les victimes de violations des droits de l'homme doivent avoir la possibilité d'obtenir justice et réparation.

Cependant, en Guinée, la problématique de l'accès à la justice trouve essentiellement son origine dans l'absence de volonté politique qui se traduit par le caractère dérisoire des moyens jusque-là mis à la disposition de cette institution « *1,1 % du budget national* »[32]. La faiblesse du budget accordé à la justice peut être interprétée comme un signe que les autorités ne considèrent pas le renforcement de la justice comme une priorité stratégique, malgré les déclarations publiques ou les engagements formels

compte tenu des barrières géographiques et économiques, entre autres, qui séparent la justice des justiciables, le législateur guinéen, à la faveur des états généraux de la justice en 2011, a entrepris des réformes visant à contribuer à l'instauration d'une justice de qualité, efficace, et accessible, en soutenant le rapprochement de la justice de la population.

Ainsi, le ministère de la Justice a élaboré un plan d'actions prioritaires de la réforme de la justice 2015- 2019, dans lequel des mesures qui concourent à l'amélioration de l'accès à la justice sont inscrits[33]. Ces mesures visent à aborder les deux aspects fondamentaux de l'accès à la justice : la disponibilité des ressources et l'accessibilité pour les populations défavorisées.

L'augmentation du budget de la justice permettrait de financer les infrastructures nécessaires, telles que les cours, les tribunaux et les centres de détention, ainsi que de fournir les outils et ressources nécessaires pour garantir une justice rapide et efficace.

Parallèlement, le mécanisme d'assistance juridique et judiciaire est conçu pour garantir que les personnes n'ayant pas les moyens financiers d'accéder à une représentation légale puissent bénéficier de conseils et de services

[32] Voir la loi de finance initiale 2023, Page 4

[33] Plan d'actions prioritaires de la réforme de la justice 2015 – 2019, Axe 1 : Accès au droit et à la justice, Page 10.

juridiques. L'assistance judiciaire est un pilier essentiel pour assurer l'égalité d'accès à la justice, permettant à tous les citoyens, indépendamment de leur statut économique, de défendre leurs droits.

L'amélioration de l'accès des justiciables à la justice nécessite un engagement continu du gouvernement et ses partenaires au développement de mettre en œuvre des réformes juridiques et institutionnelles.

Ainsi, à la suite des réformes législatives, nous aborderons les réformes institutionnelles.

Section 2 : Des réformes institutionnelles

Les réformes institutionnelles visent à renforcer les institutions, à améliorer leur fonctionnement et à moderniser les infrastructures judiciaires et pénitentiaires pour le respect des droits de l'homme.

En modernisant les infrastructures judiciaires, telles que les tribunaux, les salles d'audience et les centres de détention, les réformes institutionnelles contribuent à améliorer l'efficacité des procédures judiciaires et à faire respecter la dignité des justiciables qui se rendent dans ces juridictions ou dans ces lieux de détention.

Ainsi, l'amélioration des infrastructures judiciaires (paragraphe 1) et l'humanisation et la modernisation du système pénitentiaire (paragraphe 2) contribuent à la création d'un environnement propice à la protection des droits de l'homme.

Paragraphe 1 : De l'amélioration des infrastructures judiciaires

La question du manque d'infrastructures judiciaires et de leur vétusté demeure un problème de taille pour l'organisation et la tenue des audiences[34].

L'amélioration des infrastructures judiciaires englobe la rénovation ou la construction de nouveaux édifices, la mise en place de systèmes informatiques de pointe pour la gestion des dossiers, ainsi que la fourniture d'équipements appropriés pour les audiences (des ordinateurs, la sonorisation, des caméras de surveillance, l'internet…). L'objectif principal de cette démarche est de rehausser le prestige de la justice guinéenne tout en offrant un environnement adéquat aux hommes et aux femmes de loi.

Dans cette optique, le Plan d'actions prioritaires de la réforme de la justice 2015- 2019 a prévu la rénovation et la construction des cours et tribunaux[35] voir en annexe.

En les plaçant l'amélioration des infrastructures judiciaires comme l'une des priorités dans le plan d'action, le gouvernement guinéen reconnait l'importance de disposer d'infrastructures judiciaires idéales pour améliorer les conditions de travail du personnel et offrir un cadre plus professionnel aux justiciables. La construction de nouveaux tribunaux peut contribuer à étendre l'accès à la justice, notamment dans les régions éloignées, en réduisant les distances à parcourir pour les justiciables et en favorisant une plus grande égalité d'accès, en particulier pour les personnes à mobilité réduite ou à ressources limitées.

---

[34] Accès à la justice et questions carcérales en Guinée à l'aune de la transition politique, publication produite par Avocats Sans Frontières France avec le soutien financier de l'Union européenne, consulté le 3 juillet 2023, consulté sur https://www.eeas.europa.eu.

[35] Plan d'actions prioritaires de la réforme de la justice 2015- 2019, Page 35.

Tout comme l'amélioration des infrastructures dans les cours et tribunaux, il est également important de se pencher sur l'humanisation et la modernisation du système pénitentiaire.

Paragraphe 2 : De l'humanisation et de la modernisation du système pénitentiaire

L'humanisation du système pénitentiaire s'inscrit dans une démarche visant à garantir le respect des droits fondamentaux des personnes détenues. Elle implique de considérer les détenus non pas comme des êtres déchus de leurs droits, mais comme des individus ayant commis des infractions et devant assumer la responsabilité de leurs actes, tout en conservant leur dignité humaine.

Aussi, la modernisation du système pénitentiaire vise à le rendre plus performant et plus efficace dans l'accomplissement de ses missions, notamment la réinsertion sociale des détenus et la prévention de la récidive. Elle implique de mettre en œuvre des mesures structurelles et organisationnelles, telles que :

La construction et la rénovation des infrastructures pénitentiaires ;

Le recrutement et la formation du personnel pénitentiaire ;

La mise en place de programmes de réinsertion sociale ;

Le développement de partenariats avec les acteurs de la société civile.

Le système pénitentiaire de la Guinée est confronté à des défis majeurs, notamment la surpopulation carcérale et les conditions de vie inhumaines. Pour pallier cette situation, il est impératif, tant sur le plan moral que pratique, d'humaniser et de moderniser le système pénitentiaire. Cette démarche est soutenue par les autorités judiciaires et les défenseurs des droits de l'homme.

M. KOLOMOU Marcel, Directeur national adjoint du Service National des Infrastructures Judiciaires et Pénitentiaires au Ministère de la Justice et des droits de l'homme, faisant l'état des lieux du système pénitentiaire de la Guinée dans l'édito du ministère de la Justice publié en novembre 2019 déclare : « *depuis 1984, l'Administration Pénitentiaire guinéenne est sous la tutelle du ministère de la Justice. Aujourd'hui, la Guinée compte trente-quatre (34) prisons fonctionnelles réparties comme suit : huit (8) Maisons centrales (MC) implantées dans chaque région administrative (Conakry, Boké, Kindia, Mamou, Labé, Faranah, Kankan et Nzérékoré.) ; vingt-six (26) Maisons d'arrêt implantées dans les chefs-lieux des différentes préfectures dont 22 sont fonctionnelles.* »[36] Cette déclaration offre un aperçu du système pénitentiaire guinéen et met en évidence des aspects importants, tels que la répartition géographique des infrastructures et le nombre d'établissements fonctionnels.

La Commission réconciliation, justice et droits humains du Conseil National de la Transition (CNT), l'organe législatif de la transition, a effectué en mars 2023 une mission d'information dans les établissements pénitentiaires de Coronthie, Coyah, Dubréka, Forécariah et Kindia.

Dans son rapport de mission, la Commission réconciliation, justice et droits humains constate qu'aucun des établissements pénitentiaires visités ne répond aux exigences d'une maison de détention adéquate, respectant la dignité humaine. Elle note qu'outre la vétusté des locaux, la population carcérale est largement supérieure à leurs

---

[36]Magazine du Ministère de la Justice de Guinée, imprimé et publié en Novembre 2019, réalisé par la cellule de communication et relations extérieures, page 18.

capacités d'accueil, voir le tableau numéro 2 de la commission[37] et le tableau numéro 3[38] en annexes.

Garantir les conditions de détention dignes en modernisant les pratiques pénitentiaires contribue à forger un système pénitentiaire qui répare les erreurs du passé, prévient la criminalité future, et favorise une société basée sur la justice et le respect des droits fondamentaux de chaque individu. Pour relever ce défi, plusieurs actions ont été envisagées dans le plan d'actions prioritaires de la réforme de la justice[39].

Ces actions envisagées sont une réponse directe à ce besoin de transformation. Elles englobent la modernisation des infrastructures, la mise en place de systèmes efficaces de gestion des détenus, ainsi que le développement de programmes de réhabilitation et de réinsertion. En abordant ces aspects, le plan ne se limite pas à améliorer les conditions de détention, mais cherche également à instaurer des pratiques pénitentiaires qui soutiennent la réhabilitation des détenus et la réduction de la récidive.

Les dividendes attendus de la réforme de la justice en Guinée démontrent la volonté manifeste des autorités guinéennes à renforcer l'état de droit, à protéger les droits fondamentaux des citoyens et à garantir l'indépendance du système judiciaire.

Cependant, pour mesurer pleinement l'efficacité de cette réforme et son impact sur la société guinéenne, une évaluation approfondie s'avère essentielle. Cette évaluation permettra d'analyser les progrès accomplis, d'identifier les

---

[37]Rapport de la commission réconciliation, justice et droits humains du Conseil National de la Transition (CNT), l'organe législatif de la transition, sur la situation des droits de l'homme dans les lieux de privation de liberté du grand Conakry et de Kindia, Mars 2023, Page 11

[38]La Guinée face à ses prisons, Paris, Éd. Harmattan Guinée, 2015, p. 16.

[39] Plan d'actions prioritaires de la réforme de la justice ,2015- 2019, Page 19

lacunes persistantes, et de déterminer les ajustements nécessaires pour garantir que la réforme de la justice atteigne ses objectifs ambitieux.

Dans la deuxième partie, nous ferons l'évaluation du processus de la réforme de la justice sur le terrain des droits de l'homme en Guinée.

DEUXIÈME PARTIE

DE L'ÉVALUATION DU PROCESSUS DE RÉFORME DE LA JUSTICE

La réforme du système judiciaire en Guinée s'est imposée comme l'une des priorités majeures de l'agenda politique au cours des dernières années. Elle s'inscrit dans une démarche visant à consolider l'État de droit, à garantir l'indépendance du pouvoir judiciaire et à assurer à tous les citoyens un accès équitable à la justice. Ce processus de réforme a engagé le pays dans un voyage complexe vers une justice plus transparente, efficiente, et équitable.

Pour marquer cette transformation, des révisions législatives ont été entreprises, des réorganisations institutionnelles effectuées et des programmes ambitieux de modernisation des infrastructures judiciaires sont initiés.

Toutefois, il est essentiel de souligner que la réussite de ces réformes repose en grande partie sur leur suivi et leur évaluation constants, permettant de mesurer leur impact sur le système judiciaire et sur les droits de l'homme.

Dans cette partie, nous examinerons les progrès réalisés dans le cadre de la réforme de la justice en Guinée, en matière de droits de l'homme, mettant notamment en lumière les avancées significatives (chapitre 1) ainsi que les obstacles et défis persistants (chapitre 2).

CHAPITRE 1

DES AVANCÉES DE LA RÉFORME

Ces dernières années, la Guinée a consacré des efforts considérables à la transformation et à la modernisation de son système judiciaire, dans le but de mieux répondre aux besoins de sa population.

Dans ce chapitre, nous analyserons en détail les progrès accomplis dans le cadre de la réforme du système judiciaire guinéen.

D'abord, nous soulignerons les avancées significatives réalisées, les réformes législatives entreprises, ainsi que les diverses initiatives visant à renforcer l'indépendance du pouvoir judiciaire (section 1). Ensuite, nous mentionnerons les réformes entreprises pour promouvoir les droits de l'homme au sein du système judiciaire (section 2).

Section 1 : Du renforcement de l'indépendance du pouvoir judiciaire

Le pouvoir judiciaire incarne la colonne vertébrale de l'État de droit. Il est le gardien vigilant des lois, le garant de l'équité et le protecteur des droits fondamentaux des citoyens.

Le renforcement de l'indépendance du pouvoir judiciaire est un impératif dans toute société cherchant à promouvoir la justice et à préserver les droits de ses citoyens. Nous allons exposer les réformes législatives et institutionnelles qui ont été mises en place pour garantir

l'indépendance de la magistrature (paragraphe 1) et l'accès des citoyens aux services publics de la justice (paragraphe 2).

Paragraphe 1 : De la consolidation de l'indépendance de la magistrature

L'indépendance de la magistrature signifie que les magistrats doivent être en mesure de prendre des décisions impartiales, sans être influencés par des pressions politiques, économiques, ou autres. Des réformes législatives entreprises pour renforcer l'indépendance des magistrats en Guinée sont entre autres :

1-La mise en place du Conseil Supérieur de la Magistrature (CSM) : Initialement créé en 1991, mais jamais mis en place avant 2014, le CSM veille à la carrière (nominations et promotions) et à la discipline des magistrats (sanctions)[40]. Il conseille le Président de la République dans l'exercice de son droit de grâce, mais donne aussi son avis dans la nomination des magistrats.

En effet, le rôle dévolu au CSM était défini dans la Constitution du 7 mai 2010 et celle du 22 mars 2020. C'est le décret D/2013/152/PRG/SGG du 1er octobre 2013 qui fixe les règles de fonctionnement du CSM qui a été officiellement installé le 9 juillet 2014. Conformément à ce décret[41], les magistrats du siège sont inamovibles dans les conditions fixées par la loi.

Les magistrats du Parquet et de l'administration centrale de la justice sont nommés et affectés par le Président de la République, sur proposition du ministre de la Justice et après avis du CSM. Ces derniers sont aux ordres du garde

---

[40]Accès à la justice et questions carcérales en Guinée à l'aune de la transition politique, publication produite par Avocats Sans Frontières France avec le soutien financier de l'Union européenne, P 25, consulté le 3 juillet 2023 sur www.eeas.europa.eu.

[41]Décret D/2013/152/PRG/SGG du 1er octobre 2013.

des Sceaux, ministre de la Justice qui peut donner des instructions que ces magistrats sont tenus de respecter dans leurs réquisitions écrites, mais ils peuvent donner oralement des opinions divergentes lors des audiences[42].

Le conseil supérieur de la magistrature est composé de dix-sept (17) membres et présidé par le Président de la République[43]. Sa composition[44] est la suivante : le ministre de la Justice (vice-président), le premier président de la Cour suprême, le Procureur général près la Cour suprême, le premier président de la Cour d'Appel, deux magistrats de la Cour suprême, le Procureur général près la Cour d'Appel, un magistrat de l'administration centrale du ministère de la Justice, 6 magistrats des Cours d'appel, un président de tribunal de première instance et un Procureur de la République[45].

Le Conseil Supérieur de la Magistrature joue un rôle essentiel dans la protection de l'indépendance du pouvoir judiciaire. Parmi les attributions exercées par le Conseil Supérieur de la Magistrature, deux sont essentiellement pour l'indépendance du pouvoir judiciaire, ce sont les attributions consultatives et celles disciplinaires[46].

---

[42]AZALOU (M.R) et Alii, connaître la justice, ses animateurs et les diverses procédures, 2015, Page 49

[43]Article 1er et 2 de la Loi Organique, L/055/CNT/2013, portant composition, organisation et fonctionnement du Conseil supérieur de la magistrature.

[44]Article 3 et 4 de la Loi Organique, L/055/CNT/2013, portant composition, organisation et fonctionnement du Conseil supérieur de la magistrature, P 1.

[45]Le 29 mars 2022, une nouvelle loi sur le Conseil Supérieur de la Magistrature a été adoptée par le Conseil National de Transition afin de renouveler la composition du Conseil Supérieur de la Magistrature.

[46]Article 18 et 19 de Loi L/055/CNT/2013, portant composition, organisation et fonctionnement du Conseil supérieur de la magistrature

La formation consultative a les attributions suivantes[47] :

✓ Avis sur l'organisation judiciaire : Elle émet des recommandations sur l'organisation judiciaire et le fonctionnement des juridictions, y compris la révision de la carte judiciaire.

✓ Détachement et délégation des magistrats : Elle donne son avis sur le détachement et la délégation des magistrats à certaines fonctions ou missions, dans les conditions prévues par la loi.

✓ Indépendance et inamovibilité de la magistrature : Elle se prononce sur toutes les questions touchant à l'indépendance, à l'inamovibilité de la magistrature, ainsi qu'à l'exercice du droit de grâce.

✓ Accès et évaluation dans la magistrature : Elle analyse les conditions légales d'accès à la magistrature, l'évaluation annuelle de l'activité professionnelle, la promotion aux fonctions judiciaires et administratives, et formule des propositions d'amélioration.

✓ Formation des magistrats : Elle statue sur les modes d'organisation et le contenu de la formation initiale, continue et de spécialisation des magistrats.

✓ Politique pénale et réformes : Elle émet des avis sur la politique pénale, les réformes nécessaires, ainsi que sur les infrastructures judiciaires.

✓ Maintien et réintégration des magistrats retraités : Elle émet l'avis conforme pour le maintien en fonction de magistrats, ou pour leur réintégration dans certaines fonctions après la retraite, jusqu'à l'âge de soixante-douze ans.

✓ Conduite des magistrats : Elle propose des mesures pour résoudre les plaintes reçues de la part des justiciables

---

[47]Article 19 de la Loi Organique, L/055/CNT/2013, portant composition, organisation et fonctionnement du Conseil supérieur de la magistrature, P4.

ou d'autres personnes concernant la conduite inadéquate des magistrats.

La formation disciplinaire[48] :

La formation disciplinaire se réunit sur convocation de son président, soit en cas de besoin, soit sur saisine du ministre de la Justice ou d'un citoyen. Cette formation, présidée par le Premier président de la Cour suprême, comprend deux sections distinctes :

✓ Section du Siège : Elle est présidée par le Premier président de la Cour suprême et traite des questions disciplinaires concernant les magistrats du siège.

✓ Section du Parquet : Elle est présidée par le Procureur général près la Cour suprême et s'occupe des affaires disciplinaires relatives aux magistrats du parquet.

De sa création en 2013 au 31 décembre 2018, sur 98 dossiers examinés par le Conseil Supérieur de la Magistrature, on note : 2 révocations, 10 abaissements de grade, 10 abaissements d'échelon, 4 déplacements, 4retraits de la fonction publique, 4 avertissements[49]. Il faut également souligner que la décision prise par le Conseil est définitive puisqu'elle n'est susceptible d'aucune voie de recours[50].

Au vu de ses deux (2) attributions, le Conseil Supérieur de la Magistrature apparaît comme un organe garant de l'indépendance des magistrats qui assure leur protection et qui préserve les droits fondamentaux des justiciables.

---

[48]Article 18 de la Loi Organique, L/055/CNT/2013, portant composition, organisation et fonctionnement du Conseil supérieur de la magistrature, P4

[49]Magazine du ministère de la Justice de Guinée, imprimé et publié en Novembre 2019, réalisé par la cellule de communication et relations extérieures, Page 13

[50]Article 33 de la Loi Organique, L/055/CNT/2013, portant composition, organisation et fonctionnement du Conseil supérieur de la magistrature, P7

Bien que l'élection et l'installation des membres du Conseil Supérieur de la Magistrature constituent un progrès considérable dans le processus de réforme de la justice et de l'indépendance de la magistrature d'une part, et d'autre part, dans la gestion de la discipline et de la carrière des magistrats[51], sa composition est susceptible d'entraver son objectivité. En premier lieu, cela se caractérise par la présidence assurée par le Président de la République et la vice-présidence occupée par le ministre de la Justice, avec la nomination des magistrats effectuée par décret présidentiel.

En second lieu, tous les autres membres ne sont que des magistrats, enclins à se défendre entre eux. Ce qui renvoi à la question de savoir s'il n'est pas judicieux de sortir du CSM, le Président de la République et le ministre de la Justice et en même temps de l'ouvrir à d'autres professionnels du Droit.

2-**L'Adoption d'un nouveau statut des magistrats :** Le statut des magistrats est un ensemble de règles et de dispositions légales spécifiques qui régissent la situation professionnelle et les conditions de travail des juges et des magistrats au sein d'un système judiciaire. L'adoption de la loi organique portant statut des magistrats s'inscrit dans la logique de garantir l'indépendance, l'impartialité et l'efficacité du pouvoir judiciaire. Quelques éléments clés de cette loi :

L'inamovibilité des magistrats du siège[52]: Dans la nouvelle loi organique portant statut des magistrats, les jugent bénéficient d'une sécurité de la tenue, ce qui signifie

---

[51]Accès à la justice et questions carcérales en Guinée à l'aune de la transition politique, publication produite par Avocats Sans Frontières France avec le soutien financier de l'Union européenne, P 25, consulté le 3 juillet 2023 sur www.eeas.europa.eu.

[52] République de Guinée, Loi organique portant statut des magistrats, article 20, Page 4

qu'ils ne peuvent être révoqués ou mutés de manière arbitraire. Le principe d'inamovibilité vise à obtenir du juge une prise de décision sereine forgée à la lumière des éléments de la cause qu'il a examinée. Ce principe ne s'applique pas aux magistrats du parquet encore appelés magistrats'' debout'' ou magistrats du Ministère public. Ces magistrats forment un corps hiérarchisé et sont soumis à l'autorité du ministère de la Justice qui peut leur donner des instructions et les déplacer à tout moment.

Par ailleurs, il est constaté que le dernier alinéa de l'article 112 de la Constitution du 22 mars 2020 dissoute portait atteinte à l'indépendance des magistrats guinéens. En effet, cet article dispose : « *la nomination et l'affectation des magistrats se font après « avis consultatif » du Conseil Supérieur de la Magistrature.* » De ce fait, le Président de la République n'était pas tenu par l'avis du Conseil supérieur de la Magistrature quant à la nomination et à l'affectation des magistrats. Or, dans la constitution du 7 mai 2010, la nomination et l'affectation des magistrats se faisaient après « *avis conforme* » du Conseil Supérieur de la Magistrature.

Indépendance financière : Les magistrats bénéficient d'une rémunération adéquate et des avantages sociaux appropriés pour éviter toute vulnérabilité à la corruption ou à l'influence extérieure. Les rémunérations des magistrats ont été revalorisées de nouveau en 2019, selon les informations recueillies, pour un magistrat en début de carrière, le salaire est de 18,8 millions de francs guinéens[53].

Privilège de juridiction : Le privilège de juridiction accordé aux magistrats, tel que stipulé dans l'alinéa 2 de l'article 16 de la nouvelle loi organique portant statut des

[53] Accès à la justice et questions carcérales en Guinée à l'aune de la transition politique, publication produite par Avocats Sans Frontières France avec le soutien financier de l'Union européenne, P 25, consulté le 3 juillet 2023 sur www.eeas.europa.eu.

magistrats, joue un rôle fondamental dans la garantie de l'indépendance judiciaire et la protection de l'intégrité du système judiciaire. Cette disposition a plusieurs implications importantes :

- Protection de l'indépendance judiciaire : En accordant une immunité aux magistrats pour les actes accomplis dans l'exercice de leurs fonctions, cette disposition assure que les magistrats peuvent rendre des décisions sans craindre de représailles personnelles ou de poursuites judiciaires. Cela protège les magistrats contre toute pression externe ou influence indue, leur permettant de statuer en toute impartialité.
- Stabilité et sécurité dans l'exercice des fonctions : Cette immunité juridique garantit aux magistrats une certaine sécurité dans l'exercice de leurs fonctions. Ils peuvent ainsi prendre des décisions, même impopulaires, sans craindre des conséquences judiciaires personnelles. Cela favorise une prise de décision basée uniquement sur le droit et les faits, et non sur la peur de représailles.

Cependant, bien que les magistrats bénéficient d'une immunité, celle-ci reste encadrée et n'est pas absolue. Des mécanismes disciplinaires existent pour garantir que ce privilège ne soit pas détourné à des fins d'abus de pouvoir. Ainsi, les magistrats peuvent être tenus responsables de leurs actions par le biais de procédures disciplinaires internes, assurant un équilibre entre la protection de leur indépendance et la nécessité de préserver l'intégrité du système judiciaire.

La liberté d'expression et d'association : Selon l'article 23 de la loi portant statut des magistrats, « *Les magistrats jouissent, comme les autres citoyens, de la liberté d'expression, de croyance, d'association et d'assemblée…* » Cette disposition reconnaît aux magistrats les mêmes droits fondamentaux que ceux accordés à tout citoyen, leur permettant ainsi de s'exprimer sur des sujets

d'intérêt public et de s'engager dans des associations professionnelles.

Cependant, l'exercice de ces libertés est encadré par des obligations strictes de respect de la loi, de la déontologie, et des normes professionnelles. Cela garantit que leur liberté d'expression et d'association ne compromet pas l'intégrité, l'impartialité, ni l'indépendance de la fonction judiciaire. Cette approche équilibrée vise à permettre aux magistrats de contribuer au débat public tout en maintenant la confiance du public à la justice.

La consolidation de l'indépendance de la magistrature est un processus continu qui requiert non seulement la volonté politique du gouvernement, mais aussi l'engagement résolu des magistrats eux-mêmes.

Dans cette perspective, nous nous pencherons maintenant sur les progrès réalisés en matière d'amélioration de l'accessibilité aux services publics de la justice.

Paragraphe 2 : De l'amélioration de l'accessibilité au service public de la justice

L'accès à la justice est un droit fondamental dont tout citoyen doit pouvoir bénéficier. Au sein du processus de réforme judiciaire, d'importants pas en avant ont été franchis dans le but d'améliorer la disponibilité du service public de la justice. Ces réformes sont conçues pour s'assurer que chaque individu, indépendamment de sa situation ou de ses origines, puisse exercer ses droits et obtenir une résolution équitable de ses litiges. Cette démarche vise à garantir que la justice soit véritablement accessible à tous. Pour ce faire, des actions ont été posées, notamment :

L'adoption de la loi d'organisation judiciaire : la loi portant organisation judiciaire adoptée en 2015 a prévu l'érection de toutes les justices de paix en des Tribunaux de

première instance (TPI) pour répondre au souci d'établir l'égalité des justiciables devant le service public de la justice[54]. Certaines dispositions de cette loi ont été modifiées par la loi organique du 4 juillet 2017. L'organisation judiciaire guinéenne comprend ainsi des juridictions ordinaires ou de droit commun et des juridictions d'exception[55].

1-Les juridictions ordinaires ou de droit commun comprennent :

La Cour suprême, qui est la plus haute juridiction administrative et judiciaire. Régie par la loi organique du 23 février 2017 portant attribution, organisation et fonctionnement de la Cour suprême. La Cour suprême est chargée d'uniformiser les décisions de justice des juridictions inférieures. Elle a une compétence juridictionnelle et consultative. Depuis le 5 septembre 2021, la Cour suprême statue sur des questions constitutionnelles et de contentieux électoral du fait de la dissolution de la Cour constitutionnelle et du transfert des compétences de celle-ci à la Cour suprême durant la période de la transition[56].

La Cour d'appel : il existe 2 Cours d'appel en Guinée, une à Conakry et une à Kankan. Précisons que la Cour d'appel de Kankan couvre les régions de la haute Guinée et de la Guinée forestière, et celle de Conakry couvre les régions de la basse côte et de la moyenne Guinée.

La Cour d'appel est une juridiction de second degré qui peut statuer sur des affaires civiles, commerciales, administratives, sociales et pénales rendues en premier

[54]Ministère de la justice et des droits de l'homme, document de politique pénale, janvier 2022, page 20

[55]Accès à la justice et questions carcérales en Guinée à l'aune de la transition politique, publication produite par Avocats Sans Frontières France avec le soutien financier de l'Union européenne, P 15 consulté le 3 juillet 2023, www.eeas.europa.eu.

[56]Article 79 de la charte de la transition, 27 septembre 2021

ressort, et des affaires qui lui sont adressées par renvoi de la Cour suprême après cassation. Elle peut également statuer sur des recours formés contre les décisions des institutions publiques rendant des décisions administratives en premier ressort, ou en appel de contestations relatives aux décisions des ordres professionnels relevant de son ressort.

Le tribunal de première instance (TPI) : le système judiciaire comprend un réseau de 18 tribunaux de première instance (TPI), principalement répartis dans les grandes préfectures du pays. Le TPI est une juridiction de premier degré qui traite des affaires civiles, commerciales, administratives, sociales et pénales, dans les cas où ces compétences ne sont pas attribuées à d'autres juridictions.

Lorsqu'il s'agit d'affaires criminelles, le TPI est appelé tribunal criminel. En cas d'infractions délictuelles, il est désigné sous le nom de tribunal correctionnel, et pour les infractions contraventionnelles, il agit comme tribunal de simple police. De plus, le TPI est compétent pour traiter des questions liées aux mineurs en conflit avec la loi et à la protection de l'enfance en danger.

Les justices de paix : le législateur guinéen a choisi d'entreprendre une transformation progressive de ces juridictions en tribunaux de première instance. Cependant, cette transition des justices de paix en tribunaux de première instance n'est pas encore totalement finalisée à ce jour.

Conformément à la loi du 13 août 2015 sur l'organisation judiciaire en Guinée, l'article 83 dispose que les justices de paix continueront d'exister en attendant leur transformation en tribunaux de première instance. Il existe actuellement 18 justices de paix, qui ont compétence principalement en matière correctionnelle, contraventionnelle et civile.

En outre, la loi sur l'organisation judiciaire a également prévu, dans le but de rapprocher la justice des justiciables, la création de deux autres cours d'appel (Nzérékoré et à Labé).

Cependant, la mise en place de ces cours d'appel reste en attente. Cette initiative vise à renforcer l'accessibilité à la justice à travers le pays. L'organisation judiciaire en Guinée comprend également diverses juridictions d'exception, chacune régie par des lois spécifiques.

2-Les juridictions d'exception :

La Cour des comptes : Son fonctionnement est régi par la loi du 18 janvier 2013, qui détaille son organisation, ses attributions, et le régime disciplinaire de ses membres.

Le tribunal militaire : Conformément à la loi du 31 mai 2017 sur le Code de justice militaire en Guinée, cette juridiction est chargée des affaires liées à la justice militaire.

La Cour de répression des infractions économiques et financières (CRIEF) : Cette Cour, créée par ordonnance le 2 décembre 2021[57], a compétence pour traiter des infractions à caractère économique ou financier dont le montant atteint ou dépasse un milliard de francs guinéens.

Le tribunal de commerce : À Conakry, un tribunal de commerce a été établi par la loi organique du 4 juillet 2021, qui régit sa création, ses attributions, son organisation et son fonctionnement. Il est compétent pour traiter des litiges commerciaux nés dans la zone spéciale de Conakry. En dehors de Conakry, cette compétence est dévolue aux sections commerciales des tribunaux de première instance.

Le tribunal pour enfants : Dans la zone spéciale de Conakry, un tribunal pour enfants a été instauré pour traiter des affaires concernant les mineurs en danger et/ou en conflit avec la loi, avec sa localisation à Kaloum. Hors de

---

[57] Ordonnance O/2021/007/PRG/CNRD/SGG, 2 décembre 2021

Conakry, cette compétence est exercée par les sections juvéniles des tribunaux de première instance.

Le tribunal du travail : Dans la zone spéciale de Conakry, un tribunal du travail a été créé pour traiter des litiges individuels découlant des relations entre employeurs et employés lors de la conclusion, de l'exécution, de la suspension, de la modification, de la résiliation ou de la cessation des contrats de travail. En dehors de Conakry, cette compétence est réservée aux sections sociales des tribunaux de première instance.

Par ailleurs, dans un souci d'assurer l'égalité des citoyens devant le service public de la justice, le gouvernement guinéen a élaboré un projet de loi relatif à l'aide juridictionnelle. Ce projet vise à garantir la prise en charge par l'État des frais associés aux procédures judiciaires, notamment les honoraires des avocats et des huissiers de justice, afin de rendre la justice accessible à tous les citoyens[58].

La loi portant aide juridictionnelle[59] a été adoptée par le Conseil national de Transition en septembre 2022. Cette aide sera une assistance financière accordée aux personnes démunies. Elle est destinée à la prise en charge des frais et honoraires à l'occasion d'un procès. Seront admis au bénéfice de l'aide juridictionnelle, la personne physique de nationalité guinéenne et les ressortissants des États qui accordent, en la matière, la réciprocité aux ressortissants guinéens (article 3 de la loi portant aide juridictionnelle).

La création d'instances de justice de proximité : La proximité de la justice vis-à-vis des citoyens est essentielle. Le concept d'accessibilité à la justice implique que des mesures soient mises en place pour permettre à chaque

---

[58]Ministère de la justice et des droits de l'homme, document de politique pénale, janvier 2022, Page 28

[59]Loi ordinaire portant aide juridictionnelle L/2022/012/CNT, 23 septembre 2022.

individu de manière aisée, d'approcher le service public de la justice, d'exprimer ses préoccupations, de fournir des explications, ou d'obtenir tous les actes auxquels il a légitimement droit.

La mise en place de Maisons de justice[60] à Kindia, Labé et Kankan constitue, à la fois, une justice de proximité et une porte d'entrée dans la pyramide judiciaire ; elle est une institution qui permet à la population d'accéder au droit et à la justice ainsi de mieux comprendre les procédures légales et les décisions judiciaires.

Les Maisons de justice ont également comme prérogatives de mener des médiations et conciliations dans des affaires civiles de moindre gravité. Ce qui devrait permettre de désengorger les tribunaux et ainsi évacuer les dossiers en jugements dans de délais réduits.

Compte tenu de leur rôle de justice de proximité et de leur rôle favorisant l'accès au droit et à la justice, ces instances méritent d'être mises en place dans tout le pays. Il ressort d'une enquête, au sein des ménages, réalisée par l'ONG COGINTA dans le cadre du suivi-évaluation des impacts du projet d'appui à la réforme de la justice (PARJU), que 51,30 % des ménages perçoivent une amélioration de l'accessibilité à la justice[61].

Cette enquête révèle l'amélioration de l'accès à la justice, cependant, il est évident que des défis subsistent malgré les progrès réalisés.

Pour surmonter ces défis persistants, des efforts continus sont nécessaires, notamment la poursuite des réformes judiciaires et l'expansion des services juridiques gratuits ou à coût réduit.

---

[60]Décret D/2018/097/PRG/SGG, 28 juin 2018, portant création, organisation et fonctionnement des maisons de justice.

[61]Enquêtes de l'ONG Coginta dans le cadre du suivi-évaluation des impacts du projet d'appui à la réforme de la justice (PARJU), Mai 2018, page 119.

L'effectivité du principe d'accessibilité au service public de la justice renforcerait la crédibilité et la place du pouvoir judiciaire dans sa fonction de protection des droits humains et des gardiens de libertés individuelles et collectives.

Dans la même logique, nous étudierons les progrès accomplis en matière de droits de l'homme.

Section 2 : Des progrès réalisés en matière de droits de l'homme

Dans le cadre de la réforme judiciaire entreprise, la République de Guinée a enregistré des avancées significatives en ce qui concerne la promotion et la préservation des droits de l'homme, inaugurant ainsi une ère nouvelle marquée par le respect des libertés fondamentales et de la dignité humaine.

Dans le cadre de notre analyse, nous allons scruter les réformes législatives spécifiquement axées sur les droits de l'homme (paragraphe 1), ainsi que les textes réglementaires (paragraphe 2).

Paragraphe 1 : Des réformes législatives spécifiques liées aux droits de l'homme

Les réformes législatives spécifiques aux droits de l'homme en Guinée ont marqué une étape importante dans l'alignement du cadre juridique national sur les normes internationales. La révision de la loi pénale en 2016 a permis l'internalisation des instruments juridiques internationaux que la Guinée avait ratifiés, assurant ainsi que la législation nationale respecte et incorpore les principes établis par ces conventions et traités.

À l'état actuel, la législation pénale est en adéquation avec les conventions et traités internationaux auxquels la

Guinée est partie[62] (voir en annexe des conventions et traités internationalisés dans la législation nationale illustrant l'ampleur de cette intégration et la volonté de la Guinée à aligner son droit interne sur les standards internationaux en matière de droits humains).

Cette démarche est essentielle non seulement pour garantir la conformité avec les obligations internationales, mais aussi pour renforcer la crédibilité de la Guinée sur la scène internationale en tant qu'État respectueux des droits de l'homme.

Pour illustrer ces avancées, notre attention porte sur des réformes clés touchant le Code pénal, le code de procédure pénale et le Code civil. Ces codes, désormais en harmonie avec des engagements internationaux du pays, constituent les fondations sur lesquelles repose la justice en Guinée.

Le Code pénal guinéen de 2016 intègre des dispositions qui renforcent la protection des droits de l'homme, notamment en ce qui concerne le droit à la vie et la lutte contre les discriminations, et criminalise des actes tels que la torture et les traitements inhumains.

L'abolition de la Peine de mort :

Le Code pénal abolit la peine de mort en la supprimant des peines applicables en République de Guinée (article 27). Cette disposition confirme l'engagement de la Guinée dans le cadre de la protection du droit à la vie. Elle rejoint ainsi les pays comme le Burundi, la Côte d'Ivoire, le Gabon, l'Ile Maurice, le Rwanda, le Sénégal et le Togo qui ont aboli la peine de mort au cours des vingt dernières années.

La criminalisation de la torture :

La criminalisation de la torture par le Code pénal guinéen, spécifiquement à l'article 232, constitue une avancée significative dans la protection de l'intégrité

---

[62]Ministère de la justice et des droits de l'homme, document de politique pénale, janvier 2022, Pp 19 – 20.

physique des individus en Guinée. En adoptant la définition de la torture formulée par la Convention contre la torture de 1984, ratifiée par la Guinée en 1989, la législation nationale s'aligne sur les normes internationales. Cette harmonisation avec le droit international reflète la volonté de la Guinée d'éradiquer les pratiques inhumaines et de garantir que ceux qui se rendent coupables de tels actes soient poursuivis et jugés par les juridictions guinéennes, conformément à l'article 761 du Code de procédure pénale.

Ce cadre législatif offre également des garanties essentielles aux personnes impliquées dans une procédure judiciaire, en particulier celles placées en garde à vue. Les articles 89 et 92 du Code de procédure pénale prévoient des mécanismes pour prévenir tout recours à la torture, notamment l'examen médical des personnes en garde à vue, soit à la demande du procureur, soit à la requête de la personne concernée ou de son conseil.

De plus, le contrôle de la garde à vue par les autorités du Parquet et la Chambre de contrôle de l'instruction assure un suivi rigoureux, limitant ainsi les risques d'abus.

En criminalisant la torture et en renforçant les protections procédurales, cette démarche envoie un message clair contre l'impunité, contribuant ainsi à l'établissement d'une justice plus humaine.

Ces progrès comprennent également une protection renforcée des droits des femmes, notamment en ce qui concerne les droits reproductifs et sexuels, grâce aux avancées significatives introduites par la révision du Code pénal.

La criminalisation des mutilations génitales féminines/Excision :

La révision du Code pénal en 2016 introduit des mesures significatives pour lutter contre les mutilations génitales féminines (MGF), en conformité aux recommandations du

Comité contre la torture[63]. L'article 260 du code dispose que « *... les mutilations génitales féminines entraînant une infirmité sont passibles de réclusion criminelle de 5 à 10 ans... » En cas de décès de la victime suite à ces actes, l'article 261 prévoit des peines plus sévères, allant de « ... 5 à 20 ans de réclusion criminelle...* » Plus loin l'article 259 du code pénal étend la responsabilité pénale non seulement aux personnes pratiquant les mutilations, mais aussi aux parents qui autorisent ou ordonnent ces interventions.

Cette législation marque un engagement déterminé de la Guinée pour l'élimination des MGF, en imposant des sanctions rigoureuses et en définissant clairement les responsabilités des parties impliquées, tout en renforçant les mesures de protection pour les victimes et en affirmant la position du pays contre ces pratiques préjudiciables à l'intégrité physique des femmes.

Dans un effort continu pour renforcer la protection des victimes de violences sexuelles, le Code pénal révisé traite les violences sexuelles de manière plus stricte. L'article 268 dispose que « *tout acte de pénétration sexuelle, commis par violence, contrainte ou surprise, est qualifié de viol...* » Les peines pour ce crime varient de 5 à 10 ans de réclusion criminelle, et peuvent être étendues de 10 à 20 ans dans des circonstances aggravantes. Ces mesures renforcent la répression des violences sexuelles et marquent un progrès dans la lutte contre les agressions sexuelles.

L'interdiction du mariage forcé et précoce :

Le Code pénal révisé marque un tournant dans la lutte contre les pratiques de mariage précoce et forcé, qui portent atteinte à la liberté et à l'autonomie des personnes, en particulier des femmes et des jeunes filles, en les érigeant en infractions. L'article 319 du code dispose clairement que

[63]Comité contre la torture, Observations finales concernant la Guinée en l'absence de rapport initial, CAT/C/GIN/CO/1, 2014.

« *le mariage forcé et le mariage précoce sont formellement interdits* », précisant que tout mariage doit être « *conclu sur la base d'un consentement mutuel, libre et volontaire de chacun des futurs époux majeurs… .* » Cette législation est en conformité avec l'article 6 du Protocole de la Charte africaine des droits de l'Homme et des peuples relatif aux droits des femmes en Afrique, renforçant ainsi les protections contre ces pratiques abusives.

En parallèle, le Code de procédure pénale renforce la protection des droits en permettant aux associations de promotion et de protection des droits de l'homme, régulièrement agréées depuis au moins cinq ans, d'exercer les droits reconnus à la partie civile (article 156 CPP). Bien que cet article représente une avancée notable en offrant aux associations la possibilité de saisir la justice, il convient de noter que l'action des associations est conditionnée par le consentement des victimes. Cette exigence peut limiter l'efficacité des associations dans la lutte contre les infractions aux droits humains, notamment lorsque les victimes sont réticentes ou incapables de s'exprimer.

Dans ce contexte d'amélioration des protections internes, les livres II et V du Code pénal révisé intègrent des dispositions concernant les crimes de droit international, conformément au Statut de Rome ratifié par la Guinée en 2003. Les articles 12 et 13 du Code pénal, ainsi que les articles 760 et suivants du Code de procédure pénale révisé, introduisent des principes de compétence universelle. Ces ajouts marquent une étape importante vers une meilleure coopération internationale et une plus grande responsabilité en matière de justice pénale, en permettant à la Guinée de jouer un rôle actif dans la poursuite des crimes internationaux graves, indépendamment de leur lieu de commission.

Toutefois, le Code pénal prévoit une double restriction à l'exercice de la compétence universelle. La première

condition est que les faits soient « ... *punissables par la loi du lieu de leur commission et qualifiés de crimes ou délits par les lois guinéennes...* » (article 12).

La seconde condition, reprise dans l'article 12, est que l'action publique ne peut être ouverte que par « ... *le ministère public, une plainte de la victime ou d'une dénonciation officielle aux autorités de la République de Guinée par le pays où le fait a été commis...* »

En complément de ces avancées dans le domaine pénal, le Code civil de 2019 apporte également des évolutions notables dans le domaine des droits de l'homme.

Le Code civil guinéen de 2019 :

Le Code civil fixe désormais l'âge légal du mariage à 18 ans pour tous, conformément à l'article 241 qui dispose : « *Les garçons et les filles de moins de 18 ans ne peuvent contracter mariage.* » Cette disposition est en accord avec l'article 268 du Code de l'enfant guinéen, qui interdit également le mariage avant 18 ans, contrairement à l'ancien Code civil qui autorisait les garçons à se marier dès 18 ans et les filles dès 17 ans.

Par ailleurs, le Code civil de 2019 marque des avancées importantes en matière d'égalité entre hommes et femmes. Il accorde aux femmes des droits qui étaient auparavant soumis à l'approbation de l'époux. Ainsi, l'article 202 du nouveau Code prévoit que la déclaration de naissance peut être faite par le père ou la mère, alors que l'article 194 de l'ancien Code civil conférait uniquement ce droit au père.

En outre, l'article 475 du Code civil de 2019 établit que l'autorité parentale est exercée conjointement par les deux parents, qu'ils soient mariés ou non, ce qui contraste avec l'article 396 de l'ancien Code civil, qui attribuait exclusivement ce pouvoir au père.

Enfin, le Code civil révisé corrige des discriminations précédemment existantes, notamment en ce qui concerne le

choix de la profession et le choix de la résidence familiale, offrant ainsi une meilleure égalité des droits entre les sexes.

L'article 291 du Code civil révisé dispose : « *Chaque époux peut librement exercer une profession, percevoir des gains et salaires, et en disposer après s'être acquitté des charges du ménage, sauf dispositions spéciales contraires prévues par la loi.* » Cette disposition marque un contraste net avec l'article 328 de l'ancien Code civil, qui limitait le droit des femmes à exercer une profession en exigeant l'accord préalable du mari. Désormais, les femmes peuvent travailler sans nécessiter l'autorisation de leur époux.

De plus, l'article 294 du nouveau Code civil établit que le choix de la résidence familiale doit se faire « *d'un commun accord* » entre le mari et la femme. En cas de désaccord, le tribunal est chargé de décider en fonction de l'intérêt de la famille. Cette approche contraste avec l'article 331 de l'ancien code, qui attribuait exclusivement au mari le pouvoir de décider du lieu de résidence, obligeant la femme à suivre cette décision.

Ces réformes favorisent l'égalité des droits et des opportunités entre les sexes. En garantissant aux femmes le droit d'exercer une profession sans autorisation préalable et en leur permettant de participer de manière équitable aux décisions concernant la résidence familiale, elles représentent un pas important vers l'égalité des sexes. Ces changements législatifs sont essentiels pour améliorer le statut des femmes dans la société, promouvoir leur autonomie, et leur permettre de contribuer de manière plus équitable à la vie professionnelle et familiale.

Il ressort de ce qui précède que la Guinée a enregistré des progrès dans les réformes législatives spécifiques liées aux droits de l'homme. Ces progrès se manifestent par l'harmonisation de la législation nationale en conformité avec les obligations internationales de la Guinée en matière des droits de l'homme. La révision du Code pénal pour

aligner les infractions et les sanctions sur les normes internationales en matière de droits de l'homme contribue à garantir que les sanctions pénales sont proportionnées afin de renforcer la protection des droits fondamentaux des citoyens.

Ainsi, nous continuerons notre démarche avec les textes réglementaires pris pour renforcer les dispositions législatives visant à promouvoir et à protéger les droits de l'homme.

Paragraphe 2 : Des textes réglementaires

Pour mettre en œuvre les lois relatives aux droits de l'homme et assurer le respect des normes internationales dans la pratique, le gouvernement guinéen a pris des mesures concrètes en établissant plusieurs textes réglementaires. Ces textes visent à concrétiser les engagements législatifs en matière de protection des droits fondamentaux en fixant des directives précises et des mécanismes de mise en œuvre.

Ainsi, le gouvernement a émis des arrêtés et des décrets qui détaillent les procédures à suivre pour appliquer les lois relatives aux droits de l'homme, et mettent en place des institutions et des organes chargés de surveiller et de garantir leur respect (voir en annexe : des textes réglementaires).

En fixant des directives précises et des mécanismes de mise en œuvre, ces textes permettent d'assurer que les engagements législatifs en matière de droits de l'homme ne restent pas théoriques, mais se matérialisent dans la pratique.

Pour compléter cette démarche et répondre aux défis pratiques rencontrés par les citoyens, le ministère de la Justice et des Droits de l'Homme et celui de l'Économie et des Finances ont publié un Arrêté conjoint fixant les tarifs

des actes de justice fournis par les services de greffe[64]. Cet acte réglementaire a pour but d'éliminer les obstacles économiques susceptibles de compromettre l'accès équitable des citoyens à la justice. Les détails de ces tarifs révisés sont présentés dans le tableau 4 en annexe.

Par ailleurs, une vigilance constante est nécessaire pour surveiller la mise en œuvre de ces textes réglementaires, afin de garantir qu'ils atteignent les résultats escomptés en matière de promotion et de protection des droits de l'homme.

Après avoir examiné les progrès réalisés en matière de droits de l'homme, nous abordons désormais les défis et obstacles rencontrés dans le cadre de la réforme.

[64]Arrêté conjoint AC/2023/3803/MJDH/MEF/SGG, 24 août 2023, fixant les tarifs des actes de justices délivrés aux particuliers par les services de greffe en République de Guinée.

CHAPITRE 2

DES DÉFIS ET OBSTACLES DE LA RÉFORME

La réforme et le fonctionnement du système judiciaire sont un processus souvent confronté à des défis et obstacles pouvant entraver sa mise en œuvre effective.

Ainsi, nous procéderons à une analyse de la situation des droits de l'homme dans la pratique depuis le début de la réforme judiciaire (section 1) ainsi que de l'influence de l'exécutif sur le pouvoir judiciaire (section 2).

Section 1 : De la situation des droits de l'homme en Guinée

En dépit de l'optimisme initial suscité par la réforme de la justice, il est manifeste, lorsqu'on examine la situation sur le terrain, que les améliorations substantielles attendues en matière de droits de l'homme se font toujours attendre.

Bien que des mesures législatives et réglementaires aient été adoptées dans le but de consolider l'État de droit et de garantir la protection des droits fondamentaux, de nombreux obstacles et défis persistent, soulignant ainsi la complexité de la mission à accomplir.

Nous ferons la lumière sur l'état de l'exercice des droits civils et politiques (paragraphe 1) et la problématique de l'impunité en Guinée (paragraphe 2).

Paragraphe 1 : De l'exercice des droits civils et politiques

Les droits civils et politiques forment une catégorie fondamentale de droits de l'homme qui se concentre sur la préservation des libertés et des droits essentiels des individus dans le contexte de leur participation à la vie civique et politique d'un pays.

Ces droits sont inscrits dans des instruments internationaux tels que le Pacte international relatif aux droits civils et politiques (PIDCP), adopté par l'Assemblée générale des Nations Unies en 1966, entré en vigueur en 1976, et ratifié par la République de Guinée en 1978. Ces droits jouent un rôle fondamental dans la préservation de la liberté, de l'égalité et de la justice au sein d'une société.

Néanmoins, il est regrettable de constater que plusieurs de ces droits civils et politiques sont fréquemment enfreints en Guinée. Cela soulève des préoccupations importantes concernant le respect et la protection de ces droits au sein de la nation.

Parmi ces droits civils et politiques violés, il y'a entre autres :

Le droit à la vie : Bien que les textes législatifs, tels que le Code pénal, le Code de procédure pénale, le Code de l'enfant et le Code de justice militaire, garantissent la protection du droit à la vie et sanctionnent spécifiquement toute violation, force est de constater que ce droit est fréquemment transgressé en Guinée.

Les décès qui surviennent lors de manifestations sont particulièrement préoccupants, surtout lorsque les autorités ne prennent pas toutes les mesures utiles contre les bavures policières.

La dernière décennie a été fortement marquée par de répressions sanglantes et meurtrières de Guinéens en marge des revendications politiques ou sociales.

Entre juin 2022 et août 2023, 31 personnes ont été tuées dans les manifestations socio-politiques, selon un bilan [65]établis par les Forces vives de Guinée, un collectif formé de partis politiques, de syndicats et d'organisations de la société civile.

Dans un rapport intitulé « *Marcher et mourir : Urgence de justice pour les victimes de la répression des manifestations en Guinée* » publié en octobre 2020, Amnesty International dénonce « *la répression des manifestations en Guinée, en particulier celles contre la réforme constitutionnelle permettant au président Alpha Condé de briguer un troisième mandat qui a causé la mort d'au moins 50 personnes en moins d'un an.* »[66] Ce rapport documente la responsabilité des forces de défense et de sécurité, parfois associées à des groupes de contre-manifestants « *soutiens au régime* », dans les homicides illégaux de manifestants et de passants entre octobre 2019 et juillet 2020.

Cette constatation est particulièrement alarmante, car elle révèle des pratiques en flagrante contradiction avec les normes internationales relatives au maintien de l'ordre et aux droits humains. La coopération avec ces groupes de contre-manifestants est susceptible d'intensifier la violence et de compromettre davantage la sécurité des manifestants pacifiques, suggérant ainsi une instrumentalisation de la violence pour réprimer les voix dissidentes.

En revanche, le rapport présenté par la Guinée à l'occasion de l'Examen périodique universel (EPU) en janvier 2020, les autorités ont affirmé que « *conformément*

---

[65]Bilan établi par les Forces Vives de Guinée à la date du 7 septembre 2023, consulté le 26 septembre 2023, sur www.fndcguinee.com.

[66]Guinée : Marcher et Mourir, Urgence de justice pour les victimes de répression des manifestations en Guinée, rapport de Amnesty International, 1er Octobre 2020, Index Number: AFR 29/2937/2020, Page 19.

à la Loi L009/2015/AN du 4 juin 2015 portant maintien de l'ordre public seules les armes conventionnelles sont admises au cours du maintien d'ordre : gaz lacrymogènes, gaz de souffle, des canons à eau, des matraques. L'usage des armes à feu est conditionné par les circonstances de légitime défense ou les cas de nécessité impérieuse avec une réaction appropriée et proportionnée. »[67]

On observe une discordance flagrante entre les pratiques documentées par Amnesty International et les déclarations des autorités guinéennes. Bien que les autorités mettent en avant une réglementation stricte sur l'utilisation des armes, cette réponse pourrait être perçue comme une tentative de se conformer aux normes internationales tout en continuant des pratiques qui en violent les principes.

Dans ce contexte, l'Institution Nationale Indépendante des Droits Humains (INIDH), dissoute le 5 septembre 2021, a présenté un rapport au Conseil des droits de l'homme lors de la trente-cinquième session du Groupe de travail sur l'Examen périodique universel. Ce rapport fait état de 23 décès survenus en 2018 lors de manifestations politiques, incluant 7 membres des forces de l'ordre et 16 manifestants de l'opposition[68].

Ce rapport établit un lien direct entre les critiques formulées par Amnesty International et les données fournies par l'INIDH, soulignant ainsi la persistance des problèmes malgré les assurances officielles.

---

[67]Conseil des droits de l'homme des Nations Unies, Groupe de travail sur l'Examen périodique universel, Trente-cinquième session, 20-31 janvier 2020, Rapport national Guinée, Page 10, consulté le 2 octobre 2023 sur www.undocs.org/fr/A/HRC/WG.6/35/GIN/1.

[68]Conseil des droits de l'homme, Groupe de travail sur l'Examen périodique universel, Trente-cinquième session, 20-31 janvier 2020, résumé des communications des parties prenantes concernant la Guinée, Page 6, voir www.undocs.org/fr/A/HRC/WG.6/35/GIN/1, consulté le 2 octobre 2023.

La quête de justice pour les victimes d'homicides est essentielle pour établir la responsabilité des auteurs de ces actes et prévenir l'impunité. Dans cette optique, le procès des événements du 28 septembre 2009, qui a abouti à la condamnation des coupables le 31 juillet 2024 après 13 ans d'attente, constitue un exemple particulièrement évocateur. Ce procès montre combien il est important de poursuivre en justice les responsables de ces violations pour s'assurer qu'ils ne restent pas impunis et pour consolider la confiance des citoyens en la justice.

La liberté d'association et le droit de manifestation :

La question de la liberté d'association et du droit de manifestation en Guinée est un sujet qui génère des inquiétudes et des discussions. Les lois nationales prévoient la protection de ces droits, mais leur concrétisation dans la pratique est entourée de nombreux défis et obstacles.

Le Comité National du Rassemblement pour le Développement (CNRD) a annoncé le vendredi 13 mai 2022 l'interdiction de « *toutes manifestations sur la voie publique, de nature à compromettre la quiétude sociale et l'exécution correcte des activités contenues dans le chronogramme jusqu'aux périodes de campagne électorale.* »[69]

La junte militaire a réitéré cette interdiction des manifestations dans un autre communiqué diffusé le 31 mai 2022[70].

Alors que le droit à la liberté de réunion pacifique est protégé par l'article 21 du Pacte international relatif aux droits civils et politiques, et par l'article 11 de la Charte africaine des droits de l'homme et des peuples. Cette décision viole la charte de la transition voulue par le CNRD et signée le 27 septembre 2021 par le Président de la Transition, dont l'article 34 dispose que « *les libertés*

---

[69]Communiqué N°0012/CNRD/2022 du 13 Mai 2022.
[70]Communiqué N°0015/CNRD/2022 du 31 Mai 2022.

d'association, de réunion, de presse et de publication sont garanties. »[71]

En dépit de cette interdiction de manifestation, le Front national pour la défense de la Constitution a appelé à une marche pacifique, le 28 juin 2022 à Conakry, pour exiger plus de transparence dans la gestion de la transition. Une manifestation réprimée par les forces de défense et de sécurité [72]et des organisateurs, notamment les activistes Oumar Sylla et Ibrahima Diallo du FNDC, ont été arrêtés de façon violente par des militaires et gendarmes encagoulés et lourdement armés puis emmenés vers une destination inconnue[73].

Par la suite, le ministre de l'Administration et de la décentralisation a pris, le 06 août 2022, un Arrêté A/2022/1910/MATD/CAB/SGG portant dissolution d'un groupement de fait. L'article 1er de cet arrêté dispose : « *le groupement de fait dit Front National de la Défense de la Constitution est dissout.* »[74]

Cette décision soulève des interrogations importantes, notamment en ce qui concerne le respect des lois nationales et des normes internationales relatives à la liberté d'association[75]. Les arguments avancés dans l'arrêté de dissolution, ainsi que le contexte dans lequel cette décision a été prise, semblent davantage reposer sur des considérations politiques que sur des motifs juridiques. Ceci est particulièrement préoccupant compte tenu du rôle prééminent du Front National pour la Défense de la Constitution (FNDC) dans la lutte pour le retour à l'ordre constitutionnel en Guinée.

---

[71]Charte de la transition, 27 septembre 2021

[72]www.amnesty.org/fr, consulté le 5 octobre 2023.

[73]www.fidh.org/fr, consulté le 2 aout 2023.

[74]Arrêté A/2022/1910/MATD/CAB/SGG, 06 août 2022, portant dissolution d'un groupement de fait.

[75]Article 20 de la déclaration universelle des droits de l'homme de 1948.

L'ONG Amnesty International a qualifié cette dissolution du FNDC de « *grave atteinte aux libertés d'association et de réunion pacifique* »[76]. De plus, dans une lettre adressée aux autorités militaires de la transition le 15 août 2022, le Haut-commissaire des Nations Unies aux droits de l'homme, a exprimé ses préoccupations concernant la dissolution du FNDC[77].

En Guinée, les interdictions de manifestations reposent en partie sur des dispositions du Code pénal de 2016 qui limitent le droit à la liberté de réunion pacifique. L'article 621 du Code pénal exige une « *déclaration préalable* » pour les manifestations, tandis que l'article 623 permet à l'autorité administrative d'interdire temporairement une réunion en cas de menace réelle pour l'ordre public. De plus, l'article 625 rend les organisateurs responsables des infractions commises durant les manifestations. L'article 34 de la loi sur le maintien de l'ordre interdit également tout attroupement non armé pouvant troubler la tranquillité publique.

En pratique, une autorisation de manifestation est souvent exigée au lieu d'une simple « déclaration préalable », et les notions floues telles que « ordre public » et « tranquillité *publique* » sont parfois interprétées de manière restrictive par les autorités administratives. Ces interprétations servent souvent de prétexte pour des interdictions des manifestations politiquement motivées.

Les atteintes à la liberté d'association et de réunion pacifique restent une préoccupation majeure en Guinée, car elles restreignent les droits des citoyens à exercer pleinement leurs libertés démocratiques et à participer activement à la vie politique et sociale.

---

[76]www.amnestyguinee.org, consulté le 2 aout 2023.

[77]Lettre du haut-commissaire des Nations unies aux droits de l'homme au CNRD, 15 août 2022, Réf. : AL GIN 2/2022, consulté le 14 septembre 2023, sur https://mosaiqueguinee.com.

La liberté de la presse :

Bien que la législation guinéenne, notamment la loi L/2020/0010/AN de juillet 2020 sur la Haute Autorité de la Communication (HAC), la loi L/2020/0027/AN du 19 décembre 2020 portant droit d'accès à l'information publique et la loi L/2010/02 /CNT du 22 juin 2010 portant sur la liberté de la presse ; garantie la liberté de la presse et la liberté d'expression, des journalistes et des médias sont confrontés à des défis et à des violations de leurs droits.

Le Syndicat des Professionnels de la Presse de Guinée (SPPG) a organisé une marche, le 16 octobre 2023 à Conakry, pour dénoncer la violation de la liberté de la presse en Guinée à travers la censure du site internet du groupe de presse « *Guineematin* ». Cette marche a été dispersée à l'aide de gaz lacrymogène par les forces de sécurité guinéenne et des journalistes marcheurs, au nombre de 13, ont été interpellés et « *inculpés pour participation à un attroupement illégal sur la voie publique* »[78]. a déclaré leur avocat[79].

De plus, la junte au pouvoir depuis le 5 septembre 2021, a délibérément brouillé les fréquences des médias et restreint l'accès à internet ainsi que l'utilisation des réseaux sociaux en Guinée. Cette situation constatée depuis le 24 novembre 2023 et perdure toujours depuis plusieurs mois. Cette décision a été assumée par le gouvernement de transition, invoquant des raisons de sécurité nationale, sans toutefois fournir d'indices concrets de menaces à la sécurité nationale.

En réaction à cette mesure liberticide, le syndicat de la presse guinéenne a lancé un appel à manifestation pour exiger la levée des restrictions d'accès à internet et mettre fin au musellement de la presse. Son leader, Sékou Jamal Pendessa, a été arrêté le 22 janvier 2024 et inculpé par le

---

[78]www.lemonde.fr, consulté le 21 octobre 2023

[79]www.lemonde.fr, consulté le 21 octobre 2023

parquet du tribunal de première instance de Dixinn pour *« participation à une manifestation non autorisée sur la voie publique et publication de données de nature à troubler la sécurité et l'ordre public »*.

Ainsi, le vendredi 23 février 2023, le tribunal de première instance de Dixinn l'a reconnu coupable des faits qui lui sont reprochés et l'a condamné à 6 mois de prison ferme assortis de 3 mois de sursis. Cette décision a suscité une indignation générale dans l'opinion et a déclenché une grève générale et illimitée du mouvement syndical guinéen le 26 février 2024 dans tous les secteurs d'activités.

C'est dans ce contexte de tension croissante entre les autorités de la transition et les défenseurs de la liberté d'expression que le ministre de l'Information et de la Communication a, contre toute attente, pris un arrêté (A/2024/686/MIC/CAB/SGG) en date du 21 mai 2024 portant retrait des agréments d'installation et d'exploitation des groupes de médias FIM FM, HADAFO et DJOMA Medias, invoquant le non-respect du contenu du cahier des charges.

Cette décision, prise sans motivation précise comme on peut le constater, constitue une première depuis la libéralisation des ondes en Guinée, en 2005.

En effet, la motivation d'une décision de justice ou administrative revêt une importance capitale. C'est sur cette base que les victimes d'une telle décision peuvent contester sa légalité devant les juridictions compétentes. En l'espèce, il aurait été indispensable de préciser les contenus du cahier des charges qui auraient été violés par les groupes de médias concernés.

En l'absence d'une telle précision, la décision du ministre de l'Information et de la Communication est entachée d'un vice de forme. Cette décision est interprétée par de nombreux observateurs comme une atteinte à la liberté de la presse et d'expression en Guinée.

Cette situation met en lumière les défis persistants en matière de liberté de presse et d'expression en Guinée, soulignant les difficultés auxquelles sont confrontés les professionnels des médias pour informer librement et faire entendre leurs voix.

Concernant la dépénalisation des délits de presse, Reporters Sans Frontières note que « *la liberté de la presse était régulièrement mise à mal en Guinée sous le régime d'Alpha Condé. Bien que les peines privatives de liberté pour les délits de presse aient été abrogées, certains journalistes notamment, Ibrahima Sadio Bah et Amadou Diouldé Diallo, ont été arrêtés et détenus.* »[80]

Ces atteintes à la liberté de la presse sont préjudiciables à la démocratie et au droit à l'information, car elles compromettent le rôle essentiel des médias en tant que quatrième pouvoir et gardiens de la transparence. En limitant la capacité des journalistes à enquêter et à rapporter les faits librement, ces mesures affaiblissent les mécanismes de contrôle et de responsabilité nécessaires au bon fonctionnement d'un État de droit. Cette situation favorise également la diffusion de fausses informations.

La détention provisoire :

En droit guinéen, la détention provisoire demeure l'exception, et la liberté reste le principe sacré. Ce principe proclame que chaque individu devrait jouir de sa liberté, un droit fondamental, notamment en raison de la présomption d'innocence qui lui est due. Cependant, ce principe ne signifie pas une immunité totale contre l'emprisonnement.

Lorsque le juge d'instruction est saisi d'une affaire et qu'il estime que la détention de l'inculpé est nécessaire pour établir la vérité ou préserver les preuves… dans ces circonstances, il peut émettre une ordonnance de placement en détention provisoire. Cette décision, toutefois, n'est pas

---

[80]RSF, www.rsf.org/fr, consulté le 30 septembre 2023.

définitive et peut être remise en question par toutes les parties concernées lors d'un appel.

En matière de délit, le temps est un facteur déterminant. La période de détention provisoire est limitée à 4 mois. Si, à l'issue de ce délai, le juge d'instruction n'a pas pris une ordonnance de remise en liberté ou de renvoi de l'inculpé devant le tribunal, il est dans l'obligation de renouveler, pour la seconde fois, le mandat avant l'échéance des 4 mois.

Cette réglementation assure une certaine célérité dans le traitement des affaires et protège les droits des individus placés en détention provisoire.

En revanche, en matière criminelle, les enjeux sont souvent plus graves et les délais s'étirent. Une première période de détention provisoire de 6 mois est accordée, pouvant être suivie d'une prolongation de 6 mois supplémentaires si les circonstances l'exigent. Cette disposition vise à concilier la nécessité de l'enquête approfondie avec le respect des droits des individus concernés.

Le Code de procédure pénale, à travers ses articles 235 et suivants, établit les règles régissant la détention provisoire, fournissant ainsi un cadre juridique précis et détaillé pour orienter les acteurs du système judiciaire dans l'application de ces principes fondamentaux.

Cependant, il est important de noter que malgré l'existence de ce cadre juridique, la mise en œuvre effective des dispositions relatives à la détention provisoire en Guinée est souvent compromise par les dysfonctionnements du système judiciaire.

Lorsque la détention devient la règle et la liberté l'exception :

Conformément à l'arrêté A/N° 007/MJ/CAB/2016 en date du 15 janvier 2016, une commission de suivi de la détention provisoire a été mise en place par le ministère de la Justice et des Droits de l'Homme.

Dans son rapport[81], la commission indique avoir recueilli des données et les avoir analysées afin d'établir une liste de quelques causes de la détention prolongée et abusive en Guinée, il s'agit :

1. Le non-respect des délais de procédure en matière de flagrant délit tels que prévus par le Code de procédure pénale qui encadre le jugement dans un délai maximum de 15 jours, à compter de la première audience ;

2.Le non-respect des délais de procédure en matière d'appel tels que prévus par le Code de procédure pénale : « *la Cour doit statuer dans les trois mois de la déclaration d'appel* » ;

3.Le non-respect par le parquet général et la chambre de contrôle de l'instruction des délais de procédure tels que prévus dans le Code de procédure pénale qui fixe un délai maximum de 17 jours pour se prononcer en matière de détention provisoire ;

4. Le non-respect des dispositions du code de procédure pénale relatif au nombre de renvois possible lorsque l'affaire est en état d'être jugée ;

5. Le non-respect de l'exercice du pouvoir de contrôle des juridictions d'instruction par le Président de la Chambre de contrôle de l'instruction conformément aux dispositions Code de procédure pénale ;

6. Le non-respect par les parquets généraux des dispositions du Code de procédure pénale relatives à l'obligation de veiller au respect de la loi pénale sur toute l'étendue de leurs ressorts respectifs ;

7.Le non-respect par les parquets d'instance des dispositions du Code de procédure pénale relatives à l'obligation de faire parvenir les notices mensuelles au procureur général et au ministre de la Justice ;

[81] Ministère de la justice de la République de Guinée, rapport de la Commission de suivi de la détention provisoire, février 2016

8. L'insuffisance des ressources humaines qualifiées au niveau des centres de détention.

Cette situation n'est pas sans conséquence sur les droits de l'homme, notamment ceux des détenus en milieu carcéral. Le 30 juillet 2022, notre collègue Oumar SYLLA du FNDC et moi-même, Ibrahima DIALLO, avons été arrêtés à la suite de l'organisation d'une manifestation interdite par le CNRD, la junte au pouvoir en Guinée, pour réclamer le dialogue sur la définition d'un chronogramme d'activités pour le retour à l'ordre constitutionnel.

Mis sur mandat de dépôt le 1er août 2022 par le doyen des juges d'instruction du tribunal de première instance de Dixinn, nous sommes restés neuf (9) mois sans que notre mandat ne soit renouvelé une seconde fois, comme le prévoit le code de procédure pénale. Nous sommes restés neuf mois en détention sans être jugés, malgré une grève de la faim de dix (10) jours que nous avons observés pour réclamer notre droit à un procès, conforme à la loi en la matière.

Nous avons été libérés après neuf mois et dix (10) jours, sans qu'une décision de justice ne soit prononcée : notre libération a été présentée comme une offre politique des autorités de la transition pour faciliter le dialogue en vue d'une sortie de crise.

Pendant cette période de détention provisoire, nous avons constaté à la maison centrale de Conakry, que plus de la moitié de la population carcérale était constituée de prévenus soumis au même régime que les condamnés.

La Maison centrale de Conakry est composée de deux (2) principaux bâtiments (un pour les condamnés, un pour les prévenus), en plus du quartier des mineurs et de celui des femmes ; tous les détenus cohabitent ensemble.

Cette situation va à l'encontre du principe de séparation des catégories de détenus tel que proclamé par les dispositions de l'article 10 du Pacte international relatif aux

droits civils et politiques, ratifié par la Guinée en 1978. Elle viole également le principe de la présomption d'innocence consacré par l'article 13 de la Charte de la Transition. En plus de la vétusté des locaux, la population carcérale de la maison centrale dépasse largement sa capacité d'accueil.

Conçue pour accueillir 300 personnes, nous avons constaté en 2022 qu'elle comptait 1703 prisonniers, parmi lesquels seuls 478 étaient jugés et condamnés. De nombreux détenus en attente de jugement pour des délits flagrants sont maintenus en détention plus d'un an sans être jugés en violation de la loi en la matière.

Le cas particulier d'un prisonnier surnommé Fofoméré par ses codétenus a attiré notre attention lors de nos trois séjours à la maison centrale de Conakry.

Le nommé Fofoméré a été arrêté et accusé de viol, et a passé 12 ans en détention provisoire sans être jugé ni condamné. En 2023, lors de la visite d'une délégation du parquet général de Conakry, son cas a été évoqué. Après vérification, son dossier n'a pas été retrouvé et il a finalement été conduit au tribunal et libéré en y mettant la forme.

En raison des conditions précaires de détention à la Maison Centrale de Conakry, de nombreux prisonniers meurent, alors qu'ils sont pour la plupart en détention provisoire.

Dans ce contexte, Amnesty International a rapporté en février 2021 que « *quatre personnes, dont trois militants ou sympathisants de l'Union des Forces Démocratiques de Guinée (UFDG), sont décédées en détention provisoire à la prison centrale de Conakry entre février et octobre 2020.* »[82]

Face à cette situation et à ses conséquences désastreuses sur la vie humaine, il devient évident que des mesures

---

[82]www.amnesty.org/fr/, guinea deaths in detention and prison, consulté le 28 janvier 2024

immédiates doivent être prises pour y remédier. Le respect des droits de l'homme et des principes de justice pénale est indispensable et doit être conforme aux normes internationales. Cela exige un engagement ferme des autorités pour garantir des conditions de détention dignes et assurer un traitement juste et équitable pour tous les détenus. En agissant ainsi, la Guinée pourra progresser vers un système pénal plus juste et respectueux des droits de l'homme.

Il est préoccupant de constater que les droits civils et politiques sont en régression en Guinée malgré les avancées enregistrées dans les textes. Leur mise en œuvre effective et leur impact sur le terrain sont entravés par l'orientation politique des gouvernants, ce qui entraîne des conséquences négatives sur la protection des droits fondamentaux du citoyen.

Toutefois, la régression des droits civils et politiques peut être inversée grâce à la volonté politique et un engagement du gouvernement en faveur de la justice, de la démocratie et du respect des droits fondamentaux.

Après avoir analysé l'état de l'exercice des droits civils et politiques, nous abordons plus spécifiquement la problématique de l'impunité en Guinée.

Paragraphe 2 : De l'état de l'impunité en Guinée

Les atteintes aux libertés commises par les personnes dépositaires de l'autorité publique comprenant principalement la violation des libertés individuelles, les discriminations les atteintes à l'inviolabilité du domicile, l'ingérence, la prise illégale d'intérêts et la concussion constituent de nos jours une menace contre la paix publique[83].

[83]Ministère de la justice et des droits de l'homme, document de politique pénale, janvier 2022, p. 25.

La lutte contre l'impunité reste un défi majeur en République de Guinée en dépit des engagements des autorités politiques. La jouissance de l'impunité des forces de défense et de sécurité a pour corollaire la non-poursuite des auteurs des actes de violence à l'égard des citoyens victimes de violation des droits de l'homme et particulièrement les cas des manifestants de l'opposition ou autres cas des manifestations où on enregistre des morts[84].

Selon Amnesty International, près de 200 personnes ont été tuées dans des manifestations (2010-2020), selon des chiffres rapportés par les médias et l'opposition, et en l'absence de recensement par les autorités. L'impunité est demeurée la règle, les cas de poursuites l'exception[85].

La défiance des citoyens vis-à-vis de la justice s'est ainsi illustrée à travers la recrudescence de la justice privée, les interventions intempestives dans les procédures d'exécution, le recours aux modes traditionnels de Règlement des conflits et la résignation due à un pessimisme nourri par un sentiment d'impunité d'efforts[86].

Dans le rapport présenté par la Guinée au conseil des droits de l'homme dans le cadre de la trente-cinquième session du groupe de travail sur l'examen périodique, la Guinée a annoncé au titre de la lutte contre l'impunité, des dossiers concernant des cas de tortures et traitements inhumains, cruels ou dégradants par les agents des Forces

---

[84]Conseil des droits de l'homme, Groupe de travail sur l'Examen périodique universel, Trente-cinquième session, 20-31 janvier 2020, résumé des communications des parties prenantes concernant la Guinée, Page 5, voir www.undocs.org/fr/A/HRC/WG.6/35/GIN/1, consulté le 2 octobre 2023.

[85]Guinée : Marcher et Mourir, Urgence de justice pour les victimes de répression des manifestations en Guinée, rapport de Amnesty International, 1er Octobre 2020, Index Number: AFR 29/2937/2020, Page 10.

[86]DIALLO (H. 2), *La réforme de la justice Guinéenne, défis et stratégies*, L'Harmattan Guinée, 2011, *op.cit.*, p.27.

de Défense et de Sécurité qui sont traités par les juridictions. Il s'agit de[87] :

1.L'affaire visant le Commandant de la Brigade Anti-Criminalité (BAC 7) et autres poursuivis par le ministère public sur plainte de l'OGDH et MDT avec le soutien de la FIDH pour des faits de torture sur Monsieur Ahmadou Diogo Sow, en 2016 à Kakimbo, arrêté lors des manifestations politiques de l'opposition.

2. Le dossier concernant le capitaine de police Salifou Walto Soumaoro et autres poursuivis pour torture et violence condamnés à 6 ans de réclusion criminelle à temps et au paiement de dix millions de francs guinéens (10.000.000 GNF) pour dommages et intérêts par jugement N° 08 du 4 février 2019 du tribunal de première instance (TPI) de Dixinn à Conakry.

3. Le dossier ministère public contre le capitaine de police Kaly Diallo poursuivi pour coups et blessures involontaires ayant entraîné la mort sans intention de la donner sur Thierno Hamidou Diallo et de coups et blessures volontaires, condamné à dix (10) ans de réclusion criminelle à temps et au paiement de cinquante (50) millions de dommages et intérêts en faveur des parties civiles, par décision n° 9 du 4 février 2019 du TPI de Dixinn.

Par ailleurs, le procès des événements du 28 septembre 2009, qui avait fait plus de 150 morts lors d'un rassemblement des forces vives de Guinée[88], s'est ouvert en septembre 2022, treize ans après, le massacre. Ce procès implique des officiers de l'armée guinéenne dont le chef de

---

[87]Conseil des droits de l'homme des Nations Unies, Groupe de travail sur l'Examen périodique universel, Trente-cinquième session, 20-31 janvier 2020, Rapport national Guinée, Page 14, voir www.undocs.org/fr/A/HRC/WG.6/35/GIN/1, consulté le 2 octobre 2023.

[88]www.hrw.org/fr, consulté le 18 novembre 2023.

junte militaire à l'origine du coup d'État en 2008, Capitaine Moussa Dadis Camara.

La responsable Afrique de la FIDH, partie civile au procès du 28 septembre 2029, Hassatou Bâ-Minté a déclaré que « *ce procès œuvre la voie pour la lutte contre l'impunité en Guinée.* »[89]

L'organisation du procès du 28 septembre 2009 a en effet suscité de l'espoir quant à la lutte contre l'impunité pour les graves violations des droits de l'homme qui ont eu lieu par le passé. Cependant, il est profondément préoccupant de constater que des violations continues des droits de l'homme se produisent en toute impunité sous les règnes du CNRD, la junte au pouvoir en Guinée.

Parmi ces cas de violations de droits de l'homme, les tueries dans les manifestations[90], les arrestations et détentions arbitraires[91], entravent à la liberté d'aller et de venir[92].

Malgré des allégations de violations graves des droits de l'homme, notamment des cas de violence, de torture et de meurtre, de nombreux auteurs de ces actes ne sont pas tenus responsables. La persistance de la culture de l'impunité en Guinée, avec le sentiment que les auteurs de violations des droits de l'homme ne sont pas traduits en justice ou ne sont pas justiciables, encourage la justice privée et détériore l'image et la crédibilité du pouvoir judiciaire, et provoque un impact profondément négatif sur les droits de l'homme.

Après cette analyse, nous examinerons la problématique de l'ingérence de l'exécutif sur le pouvoir judiciaire.

---

[89]www.rfi.fr/fr, consulté le 10 octobre 2023.

[90]www.guineenews.org, consulté le 14 septembre 2023.

[91]Arrestation et détention arbitraires des activistes du FNDC, www.srdefenders.org, consulté le 2 octobre 2023.

[92]Ibrahima DIALLO du FNDC bloqué à l'aéroport international AST de Conakry, www.fidh.org/fr/, consulté le 16 août 2023.

Section 2 : De l'influence de l'Exécutif sur la Justice

Au cœur du concept de séparation des pouvoirs, qui constitue un pilier fondamental de la démocratie, réside l'idée que chaque branche de l'État, à savoir l'exécutif, le législatif et le judiciaire, doit fonctionner de manière indépendante afin de garantir un équilibre des pouvoirs et une administration de la justice impartiale.

Cependant, dans de nombreuses circonstances, l'influence indue de l'exécutif sur le judiciaire devient manifeste, ce qui menace l'indépendance de ce pouvoir.

Dans cette analyse, nous verrons les diverses formes d'ingérence de l'exécutif dans le pouvoir judiciaire notamment les pressions politiques sur les magistrats (paragraphe 1) et le non-respect des décisions judiciaires (paragraphe 2) tout en évaluant les répercussions de cette situation sur l'état de droit ainsi que sur les droits de l'homme.

Paragraphe 1 : Des pressions politiques sur les magistrats

Le 15 septembre 2023, l'Association des Magistrats de Guinée (AMG) a organisé un sit-in devant la Cour suprême de Conakry, après plusieurs jours de débrayage pour défendre l'indépendance de la justice et pour exiger le respect et l'indépendance des magistrats[93]. Ce mouvement de débrayage des magistrats guinéens est né de la suspension [94]de deux magistrats du tribunal de première instance de Labé par le ministre de la Justice.

---

[93]Voir https://www.rfi.fr, consulté le 10 octobre 2023.

[94]126Arrêté A/2023/3686/MJDH/CAB/SGG, du 16 août 2023, portant suspension d'un magistrat au tribunal de première instance de Labé pour refus de comparaitre devant l'inspection générale des services judiciaires et pénitentiaire en dépit de la lettre d'invitation et l'instruction donnée par son président du tribunal dont il relève administrativement ; et l'Arrêté A/2023/3687/MJDH/CAB/SGG, du 16

À la suite de la suspension des deux (2) magistrats, l'Association des Magistrats de Guinée (AMG) a rendu public une déclaration le 17 août 2023 dans laquelle elle s'oppose aux décisions du ministre de la Justice et déclare que « *le ministre de la Justice n'a ni la qualité pour interpréter une décision de justice, ni le droit de se substituer au Conseil supérieur de la magistrature, encore moins au législateur, pour qualifier tendancieusement d'insuffisance professionnelle les décisions d'un magistrat. Ces agissements récurrents du ministre constituent une atteinte grave aux principes de la séparation des pouvoirs et de la présomption d'innocence. Ils portent également atteinte à l'honneur des magistrats et contribuent à l'affaiblissement de l'institution judiciaire. Le Conseil d'Administration de l'Association des Magistrats de Guinée (AMG) exprime sa profonde préoccupation et son indignation face à l'ingérence de monsieur "le ministre de la Justice" dans la gestion d'une procédure judiciaire, en dépit de l'existence des voies de recours qui constituent une garantie pour tout justiciable.* »[95]

Le 21 septembre 2021, Colonel Mamadi Doumbouya, qui venait de prendre le pouvoir, a reçu les magistrats dans le cadre de la consultation nationale avec les forces vives de la nation. À cette occasion, des magistrats se sont succédé à la tribune pour dénoncer l'ingérence de l'exécutif dans les affaires judiciaires.

Mohamed Aly Thiam, Président de l'association des magistrats de Guinée au moment de la rencontre a déclaré

---

août 2023, portant suspension d'un magistrat au tribunal de première instance de Labé pour insuffisance professionnelle avérée en exécution de la décision correctionnelle N°182 en date du 25 juillet 2023.

[95]Association des Magistrats de Guinée, AMG, déclaration N°004/AMG/2023, du 17 aout 2023, consulté sur le consulté le 8 octobre 2023 sur https://guineenews.org.

que « *les reproches et les griefs contre les magistrats ne sont pas faux. Mais, ils sont amplifiés par une telle démesure que tout le tableau est sombre. Alors que les efforts pour améliorer son image sont presque vains. Le conseil supérieur de la magistrature ne dispose pas pour le moment, de moyens de lutte contre les ingérences et les pressions des autorités exécutives et politiques.* »[96]

De même, Alpha Seny Camara, Procureur de la République près le TPI de Kaloum au moment de la rencontre avec le Président de la transition, donne ses impressions : « *Les nouvelles autorités ont voulu parler un peu avec les magistrats. Leurs problèmes sont les nôtres. Nous leur avons opposé le fait qu'ils ont dit que désormais la justice sera la boussole qui va guider le pays. Donc nous pensons que c'est une question de libéralisation de tout, et il y aura plus de pressions exécutives, plus de pressions politiques. Cela veut dire qu'à partir de maintenant, les magistrats sauf ceux qui ne veulent pas, n'auront plus de pressions pour les empêcher de dire effectivement le Droit. Tout le monde est sorti gagnant de cet entretien, et les nouvelles autorités, et la justice. Donc on s'est compris et la loi sera parfaitement appliquée.* »[97]

Au nombre des cas spécifiques ou les magistrats ont été soumis à des pressions politiques, figure celui de l'enregistrement audio entre Alphonse Charles Wright, juge au tribunal de première instance de Dixinn et le Procureur de la République Sidy Souleymane N'DIAYE.

Le juge Charles Wright intervenant le mercredi 6 octobre sur les ondes de la Radio Espace dans l'émission « *Les Grandes Gueules* » pour confirmer l'authenticité de l'audio d'une conversation attribuée au Procureur Sidy N'Diaye du tribunal de première instance de Dixinn, au moment des faits, lui transmettant une injonction des

---

[96]www.dw.com/fr/, consulté le 6 octobre 2023.
[97]www.maguineeinfos.org, consulté le 26 septembre 2023

autorités politiques de condamner Oumar Sylla, activiste du Front National pour la Défense de la Constitution, détenu pour sa participation à une manifestation interdite[98].

Lorsque les magistrats, qui sont responsables de l'application impartiale de la loi, estiment que l'exécutif exerce une influence indue sur leur travail, cela peut compromettre l'intégrité du système judiciaire et, par conséquent, le respect des droits de l'homme.

La dénonciation des pratiques d'ingérence politique ou de l'exécutif dans le fonctionnement de la justice par les magistrats est un acte de courage qui vise à attirer l'attention sur les menaces pesant sur l'indépendance de la justice. Ces révélations confirment la perception des citoyens sur l'indépendance de la justice en Guinée dans le rapport de la commission nationale de réconciliation.

Après avoir exploré les pressions politiques sur les magistrats, nous examinerons le non-respect des décisions judiciaires.

Paragraphe 2 : Du non-respect des décisions judiciaires

Le respect des décisions judiciaires est une composante essentielle de l'État de droit et de la garantie des droits de l'homme. Toutes les parties, y compris l'État, doivent respecter les décisions rendues par les cours et tribunaux tant au niveau national, qu'au niveau africain et international.

Dans ce paragraphe, nous étudierons des affaires impliquant l'État guinéen devant les juridictions nationales et internationales, il s'agit :

Affaire Maître Mamadou SANE « *Affaire N° ECW/CCJ/APP/41/20* » contre l'État :

---

[98]Témoignage transcrit sur https://www.visionguinee.info, consulté le 9 octobre 2023

Maître Mamadou SANE, citoyen guinéen, a porté plainte contre l'Etat de Guinée le 29 septembre 2020 devant la Cour de justice de la CEDEAO pour « *la violation de ses droits, à savoir, son droit à la liberté personnelle et le droit à un procès équitable.* »

Dans les faits, il soutient que dans « *l'après-midi du 18 février 2020, étant en plein exercice de sa profession d'avocat, le directeur central de la police judiciaire a ordonné aux agents de la brigade de répression du banditisme, dont 6 étaient cagoulés, de l''interpeller avec sept (7) de ses clients conduits manu militari sous escorte dans les locaux de la direction centrale de la police judiciaire à bord d'un véhicule de police. Suite à son arrestation, il a déposé le 24 février 2020, une plainte contre le directeur central de la police judiciaire du défendeur, mais le procureur général près de la cour d'appel de Conakry n'a pas donné suite à cette plainte* »[99].

Dans l'arrêt N° ECW/CCJ/JUD/17/2023 rendu par la Cour de justice de la CEDEAO le 09 juin 2023 dans cette affaire, la Cour ordonne à l'État guinéen d'engager, sans délai, les poursuites contre les auteurs des actes dont le requérant a été victime, en vue de leur jugement ;

Sur la réparation, la cour condamne le défendeur à verser au requérant la somme de quinze millions (15 000 000) FCFA à titre de réparation du préjudice moral subi pour la violation de ses droits ;

Ordonne à l'État défendeur de soumettre à la Cour, dans un délai de 3 mois, à compter de la date de la notification

[99]Requête N°ECW/CCJ/APP/41/20, Maître Mamadou SANÉ contre l'Etat de Guinée, devant la Cour de justice de la CEDEAO, 29 septembre 2020.

du présent arrêté, un rapport sur les mesures prises pour exécuter les ordonnances qui y sont énoncées[100].

Quelques années plutôt, par la requête N° EWC/CCJ/APP/50/18 du 13 octobre 2018, Monsieur Pakilégnadawolo KOLIE et d'autres citoyens guinéens ont saisi la cour de justice de la CEDEAO contre la République de Guinée avec pour objet : « *la constatation de la violation des droits de l'homme des requérants par la République de Guinée lors de l'attaque du village de ZOGHOTA et la réparation du préjudice subi par les victimes.* »[101]

Dans les faits, les requérants soutiennent « *qu'à la suite d'un mouvement de protestation des populations riveraines des sites miniers de ZOGHOTA contre la société minière VALE, à qui elles reprochaient, entre autres, le non-respect de la promesse de priorité d'embauche qu'elle leur a faite et le fait qu'elles soient privées d'eau et d'électricité alors que les employés des mines en bénéficient, ils ont été tirés de leur sommeil par des éléments des forces de défense et de sécurité venues dans la nuit du 3 au 4 août 2012 faisant un bilan de 6 morts parmi les habitants du village.* »

Dans l'arrêt N° EWC/CCJ/JUD/25/20 rendu par la Cour de justice de la CEDEAO le 10 novembre 2020 dans cette affaire, la Cour a condamné la République de Guinée à payer aux ayants droit de feu Nyankoye Kolié et autres la somme de 160 millions de francs guinéens soit 10 millions de francs CFA aux ayants droit de chaque défunt pour tous préjudices confondus.

La Cour a en outre condamné la République de Guinée à payer à Pépé Kpoghoumou et 14 autres victimes, la

---

[100]Arrêt N°ECW/CCJ/JUD/17/2023 rendu par la Cour de justice de la CEDEAO, Affaire N°ECW/CCJ/APP/41/20, Mamadou SANÉ contre l'Etat de Guinée, Abuja 9 juin 2023.

[101]Requête N°EWC/CCJ/APP/50/18, Monsieur PAKILE GNADAWOLO KOLIE et d'autres contre la République de Guinée, devant la cour de justice de la CEDEAO, 13 octobre 2018.

somme de 240 millions de francs guinéens soit 15 millions de francs à titre de dommages et intérêts

Dis que la République de Guinée adressera un rapport d'exécution de l'arrêt à la Cour à l'expiration du délai de 6 mois imparti[102].

Dans un entretien avec l'avocat des requérants dans les deux (2) affaires citées ci-hauts, il ressort que l'État guinéen n'a pas à date, 5 juillet 2024, exécuté ces deux (2) arrêts de la Cour de justice de la CEDEAO. Alors qu'aux termes des dispositions de l'Article 15.4 du Traité révisé de la CEDEAO : « *Les arrêts de la Cour de Justice ont force obligatoire à l'égard des États membres, des Institutions de la Communauté, et des personnes physiques et morales.* »[103]

De même, en application de l'article 24.1 du Protocole additionnel A/SP.1/01/05 portant amendement du Protocole A/P1/7/91 : « *Les Arrêts de la Cour qui comportent à la charge des personnes ou des États, une obligation pécuniaire, constituent un titre exécutoire.* »[104]

Les dispositions citées ci-dessus mettent en lumière les obligations légales de la Guinée envers la Cour de Justice de la CEDEAO. L'Article 15.4 impose aux États membres le respect des arrêts rendus, tandis que l'Article 24.1 du Protocole additionnel confirme que les arrêts imposant des

---

[102]Arrêt N°EWC/CCJ/JUD/25/20 rendu par la Cour de justice de la CEDEAO, affaire N°EWC/CCJ/APP/50/18, Monsieur PAKILE GNADAWOLO KOLIE et d'autres citoyens Guinéens contre la République de Guinée, Abuja 10 novembre 2020.

[103]Entretien mené avec Maître Pépé Antoine LAMAH, avocat au barreau de Guinée, conseil de Maître Mamoudou SANE et Monsieur Pakilé Gandawolo KOLIE et d'autres, 2 octobre 2023.

[104]Article 24.1 du protocole additionnel (A/SP.1/01/05) portant amendement du préambule, des articles 1er, 2, 9, 22 et 30 du protocole A/P1/7/91 relatif à la cour de justice de la communauté, ainsi que de l'article 4 paragraphe 1 de la version anglaise dudit protocole, 24 juillet 1993, Page 7.

obligations pécuniaires doivent être exécutés comme des titres exécutoires. Le non-respect de ces normes remet en question la conformité de la Guinée aux standards juridiques régionaux.

Malgré les réformes entreprises pour améliorer la protection des droits de l'homme au sein du système judiciaire, l'État guinéen continue de se distinguer négativement en omettant d'exécuter des décisions de justice liées aux droits de l'homme. Cette situation met en lumière un sérieux décalage entre les engagements pris et leur mise en œuvre effective, compromettant ainsi l'intégrité du système judiciaire et la garantie des droits de l'homme.

Affaire Nouhou Thiam et Sadou Diallo contre l'État guinéen :

Les deux officiers de la Gendarmerie nationale arrêtés suite à l'attaque contre le domicile privé de l'ancien Président de la République de Guinée, Alpha CONDÉ, dans la nuit du 18 au 19 juillet 2011, assignent l'État guinéen en responsabilité devant le TPI de Kaloum. « *Ils soutiennent notamment qu'ils sont victimes de détention arbitraire pour avoir été renvoyés, depuis août 2011, devant une juridiction non fonctionnelle en l'occurrence le tribunal militaire (qui n'a été installé que le 8 juillet 2013). La première section civile, commerciale et administrative a décidé que force est de constater que les demandeurs en plus de la détention abusive dont ils font l'objet sont renvoyés devant le tribunal militaire qui n'est pas encore fonctionnel par la faute de l'État guinéen.* »[105]

[105]DIABY (A), « *La gestation de la responsabilité pour faute de l'administration dans la jurisprudence récente de la cour d'Appel de Conakry, un essai de bilan* » *Annales Africaines*, n°5, 2016, pp. 277-310.

Le renvoi des prévenus Nouhou THIAM et Sadou Diallo devant une juridiction sans existence réelle ou fonctionnelle représente non seulement une violation de leur droit fondamental à un procès équitable dans un délai raisonnable, mais aussi un abus imputable à l'État.

Cette situation met en lumière un dysfonctionnement significatif du pouvoir judiciaire, compromettant le respect des droits fondamentaux des citoyens.

CONCLUSION :

Les réformes entreprises dans le système judiciaire guinéen ont représenté un pas important vers l'amélioration de la protection des droits de l'homme dans le système judiciaire en mettant l'accent sur l'indépendance de la magistrature, l'accès à la justice et les réformes du cadre juridique.

La réforme a renforcé l'efficacité du service public de la justice, notamment l'application du statut particulier de la magistrature, la construction ou la réhabilitation des infrastructures judiciaires et le renforcement des capacités des ressources humaines.

L'instauration de l'aide juridictionnelle en faveur des groupes sociaux défavorisés et la mise en place des maisons de justice constituent une avancée considérable dans l'exercice du droit à la justice par les citoyens.

En matière de modernisation du cadre juridique et réglementaire, la réforme a placé la Guinée parmi les pays répondant aux normes internationales de protection des droits de l'homme à travers la reconnaissance ou la proclamation des droits de l'homme et libertés fondamentales dans les textes législatifs et réglementaires.

Cependant, des défis significatifs persistent, notamment en ce qui concerne la mise en œuvre effective des réformes ; l'adoption d'une loi spéciale portant promotion et protection des défenseurs des droits de l'homme ; la lutte contre la culture de l'impunité et la culture du non-respect des lois et des procédures ; l'accès effectif à la justice.

De manière générale, la justice en Guinée peine encore à se soustraire de l'influence politique, de la généralisation

des formes de clientélisme et de favoritisme[106]. Ces pratiques nuisent à la mise en œuvre effective du principe de l'égalité des citoyens devant la justice.

Ces défis qui restent d'actualité à l'international dans le cadre de la protection des droits de l'homme comme le soulignait en 2008 Kofi Annan, alors Secrétaire général des Nations unies, à l'occasion de la célébration des soixante ans de la Déclaration universelle des droits de l'homme ; « *Si les soixante dernières années se sont concentrées sur l'élaboration d'un corps de règles destinées à protéger les droits de l'homme qui a produit un cadre normatif remarquable de lois, de normes et de mécanismes, à commencer par la Déclaration universelle des droits de l'homme, il est temps d'entrer dans une nouvelle ère, orientée vers la mise en œuvre.* » En d'autres termes, l'enjeu majeur reste l'effectivité des droits de l'Homme.

L'impact de la réforme de la justice sur les droits de l'homme est un domaine en constante évolution, où des efforts supplémentaires sont nécessaires pour consolider les progrès réalisés jusqu'à présent dans le système judiciaire guinéen. La protection des droits fondamentaux doit rester une priorité absolue, car c'est un impératif moral et légal, et c'est un objectif auquel la République de Guinée devrait continuer à aspirer, pour le bien-être de tous ses citoyens.

[106]KEITA (K.A), *La protection juridictionnelle des administrés contre l'administration en Guinée,* Harmattan Guinée, 2022, *op.cit.*, p. 207

RECOMMANDATIONS :

Compte tenu de l'histoire et de la culture de violence d'État en Guinée depuis l'indépendance, ainsi que de ses conséquences néfastes sur les droits de l'homme, la justice et la quiétude sociale, nous formulons les recommandations suivantes pour renforcer l'indépendance de la justice et la protection des droits de l'homme en Guinée :

1. Adoption d'une loi portant promotion et protection des défenseurs des droits de l'homme, afin de :

Reconnaître le statut juridique des défenseurs des droits de l'homme et d'assurer leur protection contre les menaces, intimidations, harcèlements, représailles et autres formes d'atteintes liées à leurs activités.

2. Mise en place d'une cour spéciale des droits de l'homme en Guinée, dans le but de :

Contribuer à la protection juridique des droits de l'homme, sanctionner toute violation de ces droits et promouvoir la réconciliation nationale en Guinée.

3. Retrait du Président de la République et du ministre de la Justice du Conseil Supérieur de la Magistrature, afin de :

Garantir l'indépendance du Conseil Supérieur de la Magistrature pour qu'il puisse prendre ses décisions en toute impartialité et sans influence de l'exécutif.

BIBLIOGRAPHIE

1- OUVRAGES

NONOU (KA), *Les défis du gouvernement démocratique en Afrique subsaharienne depuis 1990*, Sénégal, Harmattan, 2020, 306 p.

KEITA (K.A), *La protection juridictionnelle des administrés contre l'administration en Guinée,* Harmattan Guinée, 2023, 219 p.

DRAME (M.A), *Les Reformes Judicaires en Guinée*, source, 2015, 235 p.

AZALOU (M.R) et Ali, *Connaître la justice, ses animateurs et les diverses procédures*, bibliothèque Nationale du Benin, 2015, 292 p.

La Guinée face à ses prisons, Paris, Éd. Harmattan Guinée, 2015, 122 p.

NGOM (B) *Comment renforcer l'indépendance de la magistrature au Sénégal* ? Harmattan, 2014, 121 p.

DIALLO (HII), *la réforme de la justice Guinéenne, défis et stratégies*, Harmattan Guinée, 2011, 205 p.

2- ARTICLES SCIENTIFIQUES :

THIAM (M.A) « *Justice indépendante, impartiale et intègre* », Revue de la faculté des sciences juridiques et politiques de l'UGLCSC, n° 8, 2017, pp. 21-35 ;

DIABY (A), « *la gestation de la responsabilité pour faute de l'administration dans la jurisprudence récente de la cour d'Appel de Conakry, un essai de bilan* » Annales Africaines n° 5, 2016, pp. 277 – 310 ;

SACKO (A), « *La protection des droits et libertés en Guinée : l'accès des particuliers à la justice*

constitutionnelle » Annales Africaines n° spécial, janvier 2021, pp. 1-24 ;

DIABY (A), « *Le temps dans l'élaboration des constitutions en Afrique : la constitution du 7 mai 2010* » Annales de l'université Toulouse 1 capitole, n° 55, 2014, pp. 168 - 204 ;

SOBZE (S.F) « *Emergence de la justice para-constitutionnelle en Afrique Subsaharienne* », agrégé des facultés de droit de l'université de Douala (Cameroun), Revue constitution et consolidation de l'État de droit et des libertés fondamentales en Afrique, n° 7, 2022 pp. 9- 61 ;

CARSIN (D) « *La liberté politique selon Montesquieu* », revue dans l'enseignement philosophique, n° 63, 2013/3, pp. 9 – 29 ;

SAGESSER (C) « *les droits de l'homme* », édition CRISP, n° 73, 2009/2, p. 9 – 96.

3- TEXTES JURIDIQUES INTERNATIONAUX :

Déclaration universelle des droits de l'homme, adoptée par l'Assemblée générale des Nations unies, 10 décembre 1948 à Paris, au palais de Chaillot, (résolution 217 A (III)) ;

Pacte international relatif aux droits civils et politiques, adopté à New York le 16 décembre 1966, par l'Assemblée générale des Nations unies dans sa résolution 2200 A (XXI) ;

Charte africaine des droits de l'homme et des peuples, adoptée le 28 juin 1981 à Nairobi par la conférence des chefs d'États et de gouvernements des pays membres de l'OUA, actuelle Union Africaine UA ;

Protocole additionnel (A/SP.1/01/05) de la Communauté économique des États de l'Afrique de l'Ouest (CEDEAO) relatif à la cour de justice de la CEDEAO.

Les pactes internationaux relatifs aux droits économiques, sociaux et culturels adopté le 16 décembre

1966 par l'Assemblée générale des Nations unies dans sa résolution 2200A (XXI),

La Convention des Nations Unies contre le trafic illicite de stupéfiants et substances psychotropes, adoptée le 19 décembre 1988 ;

La convention de la CEDEAO sur les armes légères et les petits calibres et autres matériels connexes adoptée le 14 juin 2006 ;

La Convention des Nations Unies contre la torture et autres peines et traitements cruels inhumains et dégradants, adoptée par l'Assemblée générale des Nations Unies le 10 décembre 1984 ;

La Convention sur l'élimination de toutes les formes de discrimination à l'égard des femmes, adoptée le 18 décembre 1979 par l'Assemblée générale des Nations unies ;

La convention pour la prévention et la répression du crime de génocide, adopté par l'Assemblée générale des Nations Unies le 9 décembre 1948 ;

La convention internationale sur l'élimination de toutes les formes de discrimination raciale du 4 janvier 1969 ;

La convention sur l'imprescriptibilité des crimes de guerre et des crimes contre l'humanité, adoptée le 26 novembre 1968 ;

Le statut de Rome de la cour pénale internationale, du 1er juillet 2002 ;

La Convention relative au droit de l'enfant, adoptée par l'Assemblée générale des Nations unies le 20 novembre 1989 ;

La charte africaine des droits et du bien-être de l'enfant, adoptée lors de la 26e conférence des chefs d'État et de gouvernement de l'Organisation de l'unité africaine (Union Africaine) en juillet 1990 ;

4- TEXTES LEGISLATIFS :

La Charte de la Transition guinéenne, 27 septembre 2021 ;

La Constitution guinéenne du 22 mars 2020 ;

La Constitution guinéenne du 7 mai 2010 ;

Les Codes pénal et de procédure pénale, octobre 2016 ;

Le Code civil guinéen, juillet 2019 ;

Le Code de l'enfant guinéen, décembre 2019 ;

Le Code de justice militaire guinéen, mai 2017 ;

Le Code électoral guinéen, 2017 ;

La loi ordinaire sur l'aide juridictionnelle en Guinée, septembre 2022 ;

La loi fixant les règles de protection des victimes, des témoins et des autres personnes en situation de risque de la Guinée, 23 septembre 2022 ;

La loi relative à la lutte contre la traite des personnes, février 2017 ;

La loi L/2020/0010/AN de juillet 2020 sur la Haute Autorité de la Communication (HAC) ;

La loi L/2020/0027/AN du 19 décembre 2020 portant droit d'accès à l'information publique ;

La loi L/2010/02 /CNT du 22 juin 2010 portant sur la liberté de la presse.

Ordonnance O/2021/001/PRG/CNRD/SGG du 16 septembre 2021, portant prorogation des lois nationales, conventions, traités et accords internationaux ;

Ordonnance O/2021/002/PRG/CNRD/SGG du 18 septembre 2021, portant habilitation de la cour des comptes et de la cour suprême à poursuivre leur fonctionnement régulier ;

Ordonnance O/2021/007/PRG/CNRD/SGG du 2 décembre 202, portant création de la Cour de répression des infractions économiques et financières (CRIEF).

5- TEXTES RÉGLEMENTAIRES :

Décret D/2017/039/PRG/SGG, portant mise en place du Comité national de lutte contre la traite des personnes et les pratiques Assimilées (CNLTPPA) en 2017 ;

Décret 120/PRG/SGG/l I du 14 avril 2011 portant création au sein du ministère de la Sécurité et de la Protection civile, de l'Office national pour la Protection du Genre, de l'Enfance et des Mœurs (OPROGEM) ;

Décret D/368/PRG/SGG du 20 avril 2016 portant attributions, organisation et fonctionnement du ministère de la Justice ;

Décret D/2013/152/PRG/SGG du 1er octobre 2013 portant sur les règles de fonctionnement du CSM.

6- RAPPORTS :

Rapport final des états généraux de la justice guinéenne, du 28 au 30 mars 2011 ;

Rapport de la Guinée présenté conformément au paragraphe 5 de l'annexe à la résolution 16/21 du Conseil des droits de l'homme, Groupe de travail sur l'Examen périodique universel trente-cinquième session, 20–31 janvier 2020 ;

Rapport de la mise en place des cliniques juridiques à N'Zérékoré et Kankan, 2015 et 2018, FIDH-OGDH et MTD ;

Rapport de la commission réconciliation, justice et droits humains du Conseil National de la Transition (CNT), l'organe législatif de la transition, sur la situation des droits de l'homme dans les lieux de privation de liberté du grand Conakry et de Kindia, mars 2023 ;

Rapport d'évaluation finale du projet PBF/IRF-201 : 'Appui au renforcement de la chaîne pénale et à la lutte contre l'impunité en Guinée', publiée en mai 2021, par le PNUD ;

Rapport du suivi-évaluation des impacts du projet d'appui à la réforme de la justice (PARJU), réalisé par l'ONG COGINTA en mai 2018 ;

Rapport de la Commission provisoire de réflexion sur la réconciliation nationale, rendu public le 27 juin 2016 ;

Rapport du comité de lutte contre la torture, Observations finales concernant la Guinée en l'absence de rapport initial, CAT/C/GIN/CO/1, 2014 ;

Rapport de l'ONG Amnesty International, Guinée : Marcher et Mourir, Urgence de justice pour les victimes de répression des manifestations en Guinée, publié le 1^{er}octobre 2020, Index Number: AFR 29/2937/2020 ;

Politique pénale de la Guinée, janvier 2022 ;

Politique nationale de réforme de la justice guinéenne (2014 – 2024) ;

Plan d'actions prioritaires de la réforme de la justice guinéenne 2015 – 2019 ;

L'Examen périodique universel, trente-cinquième session, 20-31 janvier 2020.

7- JURISPRUDENCES :

La Cour de justice de la CEDEAO :

Arrêt N° EWC/CCJ/JUD/25/20, 10 novembre 2020 ;

Arrêt N° ECW/CCJ/JUD/17/2023, 9 juin 2023.

La Cour d'appel de Conakry :

Arrêt N° 82 du 3 septembre 2012, ministère Public/General Nouhou Thiam et Colonel Sadou Diallo ;

Arrêt N° 21 du 14 novembre 2012, ministère Public/General Nouhou Thiam et Colonel Sadou Diallo.

ANNEXES :

Le Plan d'actions prioritaires de la réforme de la justice 2015- 2019 a inscrit en priorité la rénovation et la construction des cours et tribunaux suivants :

1. Cour d'Appel de Conakry
2. Cour d'Appel de Nzérékoré
3. Cour d'Appel de Labé
4. Cour d'Appel de Kankan
5. Tribunal de première instance Boké
6. Tribunal de première instance de Dubréka
7. Tribunal de première instance Coyah
8. Tribunal de première instance de Pita
9. Tribunal de première instance de Dalaba
10. Tribunal de première instance de Koundara
11. Tribunal de première instance de Télimélé
12. Tribunal de première instance de Lola
13. Tribunal de première instance de Kissidougou
14. Tribunal de première instance de Guéckedou
15. Tribunal de première instance de Siguiri
16. Tribunal de première instance de Macenta
17. Tribunal de première instance Kindia
18. Tribunal de première instance Kankan
19. Tribunal de première instance de Forécariah
20. Tribunal de première instance de Dabola
21. Tribunal de première instance de Beyla
22. Tribunal de première instance de Labé
23. Tribunal de première instance de Faranah
24. Tribunal de première instance de Nzérékoré
25. Tribunal de première instance de Gaoual

26. Tribunal de première instance de Kérouané
27. Tribunal de première instance de Yomou
28. Tribunal de première instance Mandiana
29. Tribunal de première instance de Koubia
30. Tribunal de première instance Mamou
31. Tribunal de première instance de Mali
32. Tribunal de première instance de Dinguiraye
33. Tribunal de première instance Kouroussa
34. Tribunal de première instance de Tougué
35. Tribunal de première instance de Lélouma
36. Tribunal militaire (Conakry)
37. Tribunal de Commerce (Conakry).

Tableau 1 : Perception de la justice par les justiciables guinéens.

Sur la performance de la justice	68,32 % des personnes enquêtées pensent que la justice n'est pas performante. 19,63 % pensent le contraire.
Sur l'équité de la justice	13,38 % des personnes enquêtées jugent la justice équitable, contre76, 59 %.
Sur le traitement des dossiers	80,43 % des enquêtés soutiennent qu'il est lent.11, 55 % Des personnes approchées ne savent rien de ce domaine.
Sur l'exécution des décisions de justice	66,52 % des personnes trouvent qu'elle n'est pas rapide. En outre, 68,30 % despersonnesaffirmentquelesdécisionsdejusticenesontpasexé cutées.
En matière d'indépendance de la justice	80,76 % des hommes et des femmes interrogées. Soutiennentquelajusticeestcorrompue.69, 80 % d'entreeuxaffirmentqu'elle est aux ordres des politiques.

Tableau 2 : Situation de la population carcérale par rapport à la capacité d’accueil de prisons

N°	Prisons	Dates de création	Capacités d’accueil initiales	Nombre de cales	Nombre de pensionnaires sur la période de la mission, mars 2023
1	Maison centrale de Coronthie (Conakry)	1930	300	38	1764
2	Prison civile de Forécariah	-	60	6 dont 1 non opérationnelle	93
3	Prison civile de Dubréka	-	50	5	275
4	Maison Centrale de Kindia	1938	150	6	417

Tableau 3 : Données concernant la population carcérale en août-septembre 2014

Nombre total de détenus	3100
Nombre de femmes détenues	116 (26 condamnées et 90 prévenues)
Nombre de mineurs détenus	196 (45 condamnés et 161 prévenus)
Nombre d'étrangers détenus	83 (37 condamnés et 46 prévenus)

<u>Tableau 4 :</u> les tarifs des actes de justice délivrés aux particuliers par les services de greffe en République de Guinée

N°	Désignation de l'acte	Cout en GNF
1	Bulletin n 3 du casier judiciaire sécurisé des Guinéens nés sur le territoire national	50 000
2	Bulletin n 3 du casier judiciaire sécurisé de Guinéens nés à l'étranger	50 000
3	Bulletin n 3 du casier judiciaire sécurisé des étrangers résidant en Guinée	150 000
4	Expédition d'un jugement, d'une ordonnance de référé ou d'un arrêt	25 000 par page et un timbre fiscal de 2000 par page impaire
5	Extrait de minute	50 000
6	GROSSE	100 000 par page et un timbre fiscal de 2000 par page impaire
7	Ordonnance sur requête (Saisie, Taxation, Injonction de payes, de restituer et de délivrer)	100 000
8	Frais d'enrôlement	50 000
9	Certificat de non-enrôlement	60 000
10	Certificat d'appel	60 000

11	Certificat d'opposition	60 000
12	Certificat de non-appel	60 000
13	Certificat de non-opposition	60 000
14	Certificat de non-contestation de saisie	200 000
15	Certificat de non-contestation de saisie attribution de créance	200 000
16	Certificat de non-contestation de conversion de la saisie conservatoire en saisie attribution de créance	200 000
17	Certificat de non-contestation de saisie de droits d'associé ou valeur mobilière	200 000
18	Certificat de nationalité sécurisé des personnes physiques	50 000
19	Procès-verbal d'apposition ou de levée de scellés	200 000
20	Procès-verbal de présentation d'ouverture de testament	200 000
21	Procès-verbal de dépôt d'un rapport de mer	1 000 000
22	Procès-verbal de guinéisation d'un navire	3 000 000
23	Procès-verbal d'exécution d'une commission rogatoire	100 000
24	Dépôt des statuts de société	200 000
25	Dépôt des procès-verbaux des assemblées générales et Conseil d'administration	100 000

26	Dépôt des états financiers de synthèse des sociétés	200 000
27	Dépôt de projet de fusion de sociétés	200 000
28	Adjudication judiciaire d'immeuble à la barre -De 1 à 100.000.000 -De 101.000.000 à 300.000.000 -De 301.000.000 à 900.000.000 -Au-delà de 900.000.000	 5 % 4 % 3 % 2 %
29	Ordre de distribution	0,5 % du montant de la somme à répartir
30	Saisie de salaire	50 000
31	Cession volontaire de salaire	50 000
32	Actes de dépôt de marque de fabrique ou de pièces pour la publicité	300 000
33	Jugement de rectification matérielle d'acte de l'état civil	100 000

34	Le registre du Commerce et du Crédit mobilier (RCCM) qui comprend : **. Immatriculation au RCCM :** -Personne physique -Personne morale **. Extrait d'immatriculions au RCCM :** -Personne physique -Personne morale	 50 000 100 000 SARL 100 000 SAS 100 000 SA 100 000 Succursale ou Filiale 100 000 GIE 50 000 100 000
	. Certificat de non-faillite : -Personne physique -Personne morale	 100 000 200 000
35	**. Immatriculation secondaire/inscription modificative :** -Personne physique -Personne morale **. Radiation au RCCM :** -Personne physique -Personne morale	 100 000 200 000 100 000 200 000
36	**Inscription de suretés mobilières et Crédit-bail** -De 1 à 100.000.0000 -De 101.000.000 à 300.000.000 -De 301.000.000 à 900.000.000 -Au-delà de 900.000.000	 1 % 0,5 % 0,25 % 0,12 %

37	Visa, côte et paraphe de registres à l'exclusion donc des registres des cours et tribunaux, des OPJ, de l'état civil et des autres services de l'Administration	100 000 par registre
38	Côte, paraphe et visa de registre d'employeur	Gratuit
39	Jugement supplétif (naissance, mariage, décès)	30 000
40	Autres jugements supplétifs sur requête	100 000
41	Procès-verbal de prestation de serment des professions libérales	200 000
42	Certificat de liquidation des dépens	200 000

LES CONVENTIONS ET TRAITES INTERNATIONALISES DANS LA LEGISLATION :

La Déclaration universelle des droits de l'homme, adoptée par l'Assemblée générale des Nations unies, 10 décembre 1948 à Paris, au palais de Chaillot, (résolution 217 A (III)) ;

Le Pacte international relatif aux droits civils et politiques, adopté à New York le 16 décembre 1966, par l'Assemblée générale des Nations unies dans sa résolution 2200 A (XXI) ;

La Charte africaine des droits de l'homme et des peuples, adoptée le 28 juin 1981 à Nairobi par la conférence des chefs d'États et de gouvernements des pays membres de l'OUA, actuelle Union Africaine UA ;

Le Protocole additionnel (A/SP.1/01/05) de la Communauté Économique des États de l'Afrique de l'Ouest (CEDEAO) relatif à la cour de justice de la CEDEAO.

Les pactes internationaux relatifs aux droits économiques, sociaux et culturels adopté le 16 décembre 1966 par l'Assemblée générale des Nations unies dans sa résolution 2200A (XXI),

La Convention des Nations Unies contre le trafic illicite de stupéfiants et substances psychotropes, adoptée le 19 décembre 1988 ;

La Convention des Nations Unies contre la torture et autres peines et traitements cruels inhumains et dégradants, adoptée par l'Assemblée générale des Nations Unies le 10 décembre 1984 ;

La Convention sur l'élimination de toutes les formes de discrimination à l'égard des femmes, adoptée le 18 décembre 1979 par l'Assemblée générale des Nations unies ;

La Convention pour la prévention et la répression du crime de génocide, adopté par l'Assemblée générale des Nations Unies le 9 décembre 1948 ;

La Convention internationale sur l'élimination de toutes les formes de discrimination raciale du 4 janvier 1969 ;

La Convention sur l'imprescriptibilité des crimes de guerre et des crimes contre l'humanité, adoptée le 26 novembre 1968 ;

Le Statut de Rome de la cour pénale internationale, du 1er juillet 2002 ;

La Convention relative au droit de l'enfant, adoptée par l'Assemblée générale des Nations unies le 20 novembre 1989 ;

La Charte africaine des droits et du bien-être de l'enfant, adoptée lors de la 26e conférence des chefs d'État et de gouvernement de l'Organisation de l'unité africaine (Union Africaine) en juillet 1990.

LES LOIS ET AMENDEMENTS LEGISLATIFS VISANT A RENFORCER LES DROITS DE L'HOMME :

Le code pénal et de procédure pénale révisés en octobre 2016 ;

Le code civil révisé en juillet 2019 ;

Le code de l'enfant révisé en décembre 2019 ;

Le code de justice militaire en mai 2017 ;

Le code électoral révisé en 2017 ;

La loi ordinaire sur l'aide juridictionnelle de septembre 2022 ;

La loi portant protection des victimes, des témoins et des autres personnes en situation de risque, septembre 2022 ;

La loi relative à la lutte contre la traite des personnes, février 2017.

DES TEXTES RÉGLEMENTAIRES POUR RENFORCER LA PROTECTION DES DROITS DE L'HOMME :

L'Arrêté conjoint (N° 2464/MSNPFE/MSHP/MS/MJ/MATAP de 2016) entre les Ministères de l'Action Sociale, de la Promotion Féminine et de l'Enfance (MASPFE), de la Santé et de l'Hygiène Publique (MSHP), de la Sécurité et de la Protection Civile (MSPC), de la Justice (MJ), de l'Administration du Territoire et de la Décentralisation (MATD) portant interdiction des mutilations génitales féminines dans les structures sanitaires publiques et privées en Guinée ;

L'Arrêté N° 3388/PRG/SSG portant création, en 2011, d'un Observatoire National de Lutte contre les Violences basées sur le Genre ayant pour mission de veiller, d'alerter sur les manquements liés à la réduction du phénomène des VBG ;

Décret 120/PRG/SGG/l I du 14 avril 2011, portant création au sein du Ministère de la Sécurité et de la

Protection Civile, d'un Office National pour la Protection du Genre, de l'Enfance et des Mœurs (OPROGEM) ;

La mise en place en 2017, d'un Comité National de Lutte contre la Traite des Personnes et Pratiques Assimilées (CNLTPPA) créé par le décret D/2017/039/PRG/SGG.

Table

Structures éditoriales du groupe L'Harmattan

L'Harmattan Italie
Via degli Artisti, 15
10124 Torino
harmattan.italia@gmail.com

L'Harmattan Hongrie
Kossuth l. u. 14-16.
1053 Budapest
harmattan@harmattan.hu

L'Harmattan Sénégal
10 VDN en face Mermoz
BP 45034 Dakar-Fann
senharmattan@gmail.com

L'Harmattan Cameroun
TSINGA/FECAFOOT
BP 11486 Yaoundé
inkoukam@gmail.com

L'Harmattan Burkina Faso
Achille Somé – tengnule@hotmail.fr

L'Harmattan Guinée
Almamya, rue KA 028 OKB Agency
BP 3470 Conakry
harmattanguinee@yahoo.fr

L'Harmattan RDC
185, avenue Nyangwe
Commune de Lingwala – Kinshasa
matangilamusadila@yahoo.fr

L'Harmattan Congo
67, boulevard Denis-Sassou-N'Guesso
BP 2874 Brazzaville
harmattan.congo@yahoo.fr

L'Harmattan Mali
Sirakoro-Meguetana V31
Bamako
syllaka@yahoo.fr

L'Harmattan Togo
Djidjole – Lomé
Maison Amela
face EPP BATOME
ddamela@aol.com

L'Harmattan Côte d'Ivoire
Résidence Karl – Cité des Arts
Abidjan-Cocody
03 BP 1588 Abidjan
espace_harmattan.ci@hotmail.fr

L'Harmattan Algérie
22, rue Moulay-Mohamed
31000 Oran
info2@harmattan-algerie.com

L'Harmattan Maroc
5, rue Ferrane-Kouicha, Talaâ-Elkbira
Chrableyine, Fès-Médine
30000 Fès
harmattan.maroc@gmail.com

Nos librairies en France

Librairie internationale
16, rue des Écoles – 75005 Paris
librairie.internationale@harmattan.fr
01 40 46 79 11
www.librairieharmattan.com

Lib. sciences humaines & histoire
21, rue des Écoles – 75005 paris
librairie.sh@harmattan.fr
01 46 34 13 71
www.librairieharmattansh.com

Librairie l'Espace Harmattan
21 bis, rue des Écoles – 75005 paris
librairie.espace@harmattan.fr
01 43 29 49 42

Lib. Méditerranée & Moyen-Orient
7, rue des Carmes – 75005 Paris
librairie.mediterranee@harmattan.fr
01 43 29 71 15

Librairie Le Lucernaire
53, rue Notre-Dame-des-Champs – 75006 Paris
librairie@lucernaire.fr
01 42 22 67 13

www.ingramcontent.com/pod-product-compliance
Lightning Source LLC
LaVergne TN
LVHW051351061026
849535LV00009B/3126
* 9 7 8 2 3 3 6 4 8 8 7 7 6 *

La réforme de la justice et les droits de l'homme en Guinée (2010-2024)

Entre espoir et réalité